Klaus Glaetzner

KLAUS GRILLT

DUTCH OVEN

Klaus Glaetzner

KLAUS GRILLT

DUTCH OVEN

60 unfassbar leckere Rezepte

riva

KLAUS GRILLT
KLAUS GRILLT

KLAUS
GRILLT
FINEST GRILL & BBQ

Inhaltsverzeichnis

KLAUS GRILLT
FINEST GRILL & BBQ

Vorwort oder: Warum Dutch Oven?

Wahrscheinlich haben die meisten von euch schon mal das eine oder andere Grillvideo von mir gesehen. Egal ob Steaks, Fingerfood, Burger oder große BBQ-Braten – seit 2014 findet ihr auf meinem YouTube-Kanal super einfache und leckere Grillnummern für zu Hause. Neben unzähligen Rezepten für Rind, Schwein, Geflügel, Wild, Fisch, Gemüse und Co. macht es mir viel Spaß, euch regelmäßig mit Grillanleitungen und Produkttests zu versorgen, neue XXL-Challenges aus dem Boden zu stampfen und euch Einblicke in meine Grillsammlung zu gewähren. Was vor Jahren als Hobby anfing, ist für mich tatsächlich ein Hobby geblieben – nur mit etwas mehr Feinschliff und Professionalität.

Grillen geht einfach immer. Klingt wie ein Lebensmotto, ist es auch irgendwie. Und deswegen geht jetzt die Grilleskalation in die nächste Runde: Nachdem ihr euch letztes Jahr mit meinem ersten Grillbuch einmal quer durchs gesamte BBQ-Universum grillen konntet, gibt's jetzt Dutch-Oven-Rezepte ohne Ende. Mich reizt am Dutch Oven, dass er quasi parallel zum normalen Grillen läuft und alles liefert, was man mit klassischem BBQ nicht hinkriegt, zum Beispiel Eintöpfe, Suppen und Hausmannskost. Und egal ob blutiger Anfänger oder Profi – mit einem Dutch Oven kommt jeder zurecht. Ihr könnt einfach nicht viel falsch machen: Stellt das Ding ohne großen Zauber auf den Grill und lasst das Feuer den Rest machen. Kerntemperatur messen? Spart es euch!

Natürlich bleibt der Dutch Oven ein Zweit-, Dritt- oder Viertgerät beim Grillen. Doch wer schon einmal den Deckel eines blubbernden Dutch Oven über knisternder Flamme angehoben hat, versteht, warum schon Cowboys im Wilden Westen auf diese Art gekocht haben. Das ist einfach pure Magie aus dem Topf! Deshalb kann ich euch nur eines raten: Trennt euch von Leuten, die keine Dutch-Oven-Gerichte mögen. So viel negative Energie braucht man wirklich nicht um sich herum. Einfach grillen, rausnehmen, anrichten, genießen.

In diesem Sinne wünsche ich euch viel Spaß beim Ausprobieren der folgenden Rezepte. Wie immer gibt es einen kleinen Hardwareüberblick vorneweg, in dem ihr alles Wichtige rund um den Dutch Oven nachlesen könnt. Worauf muss man beim Kauf achten? Welches Equipment ergibt außerdem Sinn? Hilfe im Zahlenchaos und die besten Tipps zur Reinigung und Lagerung gibt's obendrauf. Tja, und wer an dieser Stelle feststellt, dass er noch dringend einen neuen Dutch Oven vertragen könnte, dem rate ich zu meiner Klaus-grillt-Sonderedition von Grillfürst, natürlich mit entsprechendem Branding auf dem Deckel. Ihr wisst ja, Support ist kein Mord!

Bei den Rezepten habe ich mich dieses Mal auf das konzentriert, was ich am liebsten mag und am besten kann: herzhafte Gerichte mit viel Fleisch grillen. Dem einen oder anderen kommt vielleicht die Soljanka, das Wurstgulasch und das Chili con Carne bereits bekannt vor. Kein Wunder, denn sie gehören zu meinen absoluten Lieblingsgerichten und sind wahre Dutch-Oven-Klassiker – weshalb sie in dieser Rezeptliste auch nicht fehlen dürfen. Wenn ich euch was zum Einstieg empfehlen darf? Nehmt die Kentucky-Fried-Steak-Fingers (Seite 46) zum Aperitif, die Gyrossuppe (Seite 78) als Vorspeise und den Grillrouladen-Topf (Seite 77) fürs Familienessen.

Euer Klaus

Ich war nicht dabei, hab's aber für euch recherchiert: Der Dutch Oven und seine Geschichte

Die Westernfans unter euch muss ich direkt zum Einstieg enttäuschen: Es waren nicht die Cowboys, die den Dutch Oven erfunden haben. Tatsächlich zählt unser heißgeliebter dickwandiger »Dopf« mit seinem eng sitzenden Deckel zu den traditionsreichsten Küchengeräten der Welt. Vorläufer des »DO« war der sogenannte Grapen – ein dreibeiniger Topf, der zuerst aus Ton, dann aus Bronze und später aus Gusseisen gefertigt wurde. Grapen gab es schon im 12. Jahrhundert und sie wurden entweder über die Feuerstelle gehängt oder direkt in die Glut gestellt. Aus diesem Grund besaßen diese bauchigen Töpfe drei Standbeine *und* zwei Henkel. Nur einen Deckel hatten sie damals noch nicht.

Erst als Gusseisen günstig hergestellt werden konnte, entstand langsam eine neue, viel schlichtere Form des ursprünglichen Grapen. Und da es damals noch wenige geschlossene Feuerstätten in Küchen gab, wurde dem Topf ein Deckel aufgesetzt. So war es möglich, mit nur einem Küchengerät zu kochen, zu braten und zu backen – der Dutch Oven war geboren.

Wie der Dutch Oven zu seinem Namen kam, darüber gibt es verschiedene Theorien. Ich will euch zwei vorstellen: Die eine besagt, dass die Niederländer den Dutch Oven erfunden haben. Ihr Herstellungsverfahren für gusseiserne Töpfe war – verglichen mit anderen Ländern – im späten 17. Jahrhundert schon sehr weit entwickelt. Sie verwendeten unter anderem trockenen Sand beim Schmelzen, um den Töpfen eine glattere Oberfläche zu verleihen. Ein Exportschlager, der in großen Stückzahlen nach England geschippert wurde. Irgendwann war es aber einem Briten zu doof, sich von den Niederländern die Wurst vom Brot nehmen zu lassen. Abraham Darby reiste in die Niederlande, sah sich die Produktion dieser Töpfe an und ließ sich ein paar Jahre später ein ähnliches Verfahren in seiner Heimat England patentieren. Jetzt gab's ähnliche Qualität für Briten und ihre Kolonien. In Anlehnung an den niederländischen Vorgänger nannte man die Kochtöpfe »Dutch Oven«.

Bei der zweiten Theorie geht man davon aus, dass europäische Siedler (wahrscheinlich aus den Niederlanden oder aus Deutschland) den Dutch Oven im 19. Jahrhundert mit in die USA brachten. Dort verbreitete sich der DO besonders stark von Pennsylvania aus, aufgrund einer großen deutschen Siedlungsgemeinschaft mit Namen »Pennsylvania Dutch« (niederdeutsch: Pennsylvania Deutsch). Der Name »Dutch Oven« verweist laut dieser Überlieferung also auf eine deutsche Herkunft.

Doch so genau müssen wir es an dieser Stelle auch nicht wissen. Fakt ist, dass der Dutch Oven als mobiles Kochgerät schon bei den Siedlern im Gepäck mit dabei war und die Cowboys ihn im Wilden Westen als praktischen Allrounder auf Farmen und Wanderungen verwendet haben. Seit der Einführung des Dutch Oven in den USA im 18. Jahrhundert wird er dort praktisch unverändert gebaut. Welches Produkt kann das schon von sich behaupten?

Dutch Oven aus aller Welt

Wer jetzt denkt, dass der Dutch Oven sich auf Europa und die USA beschränkt, liegt falsch. Die Australier nennen ihn »Camp Oven«, die Franzosen sagen »Cocotte«, in Südafrika ist es der »Potjie«, im Baltikum der »Sač« und in Osteuropa und Asien kennt man ihn unter dem Namen »Chugun« oder »Kazan«. Einige besonders schöne Exemplare möchte ich euch hier vorstellen.

Koziolek

Die polnische Variante vom Dutch Oven heißt Koziolek und war bei den Feldarbeitern früher ein beliebtes Kochgerät. Er erinnert optisch etwas an die früheren Grapen – nur dass der Topf recht dünnwandig ist und es einen Deckel mit Bügel und Feststellschrauben gibt. Dadurch kann sich im Topf etwas Druck bilden, aber nicht zu viel, denn es fehlen entsprechende Dichtungen. Bei dem festgeschraubten Deckel geht es eher um die Praktikabilität: Kippte der Topf im Gelände einmal um, gab es keine große Schweinerei und das Essen blieb im Koziolek. Leider ist das Gerät für den Grill eher ungeeignet. Ihr könnt keine Kohlen drauflegen, dafür lässt er sich super über einem kleinen Feuerchen erhitzen.

Cocotte

Dieser gusseiserne, emaillierte Bräter mit Henkeln und Deckel stammt ursprünglich aus Frankreich und ist meist gar nicht mal so günstig. Die Cocotte ist deutlich leichter als ein Dutch Oven und hat durch ihre Emaillebeschichtung einen entscheidenden Vorteil: Sie lässt sich deutlich besser reinigen. Eine Patina ist nicht notwendig. Gleichzeitig halten sich darin Lebensmittel länger, ohne dass das Material – beispielsweise durch Säure – Schaden nimmt. Außerdem lassen sich darin auch helle Saucen schön zubereiten, ohne dass sich etwas von der Beschichtung löst. Abgesehen davon könnt ihr die Cocotte genauso verwenden wie einen handelsüblichen »Dopf« – und ganz unter uns: Gasgrillbesitzer könnten diese Version sogar dem handelsüblichen Dutch Oven vorziehen!

Kazan

Dieser große, bauchige Kessel aus Gusseisen ist, ähnlich wie der Koziolek, unten zulaufend. Das heißt, es kann unten nichts anbrennen und der Dampf zirkuliert. Der Kazan hat viele Heimatorte: Zentralasien, aber auch Aserbaidschan, die Türkei und die Balkanhalbinsel. Ich finde den Kazan klasse, weil er ein echter Allrounder ist. Durch seine Form könnt ihr darin nicht nur super anbraten, frittieren, backen und schmoren, was das Zeug hält, sondern auch Wokgerichte zubereiten. Natürlich hat auch ein Kazan einen passenden Deckel und einen speziellen Unterbau (Ut(s)chak).

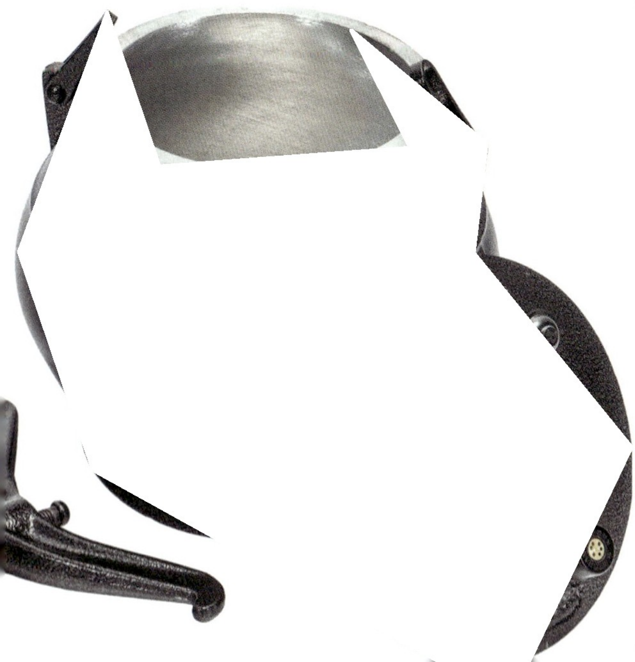

Afghanischer Kazan

Dieser handliche Topf aus Afghanistan besteht, anders als die übrigen Dutch-Oven-Varianten, aus Aluminium. Dadurch ist er um ein Vielfaches leichter. Der Deckel ähnelt in Optik und Konstruktion dem des Koziolek und ist zusätzlich mit einem praktischen Henkel versehen. Ihr könntet also darin euer Gericht grillen und es danach easy zur Party tragen. Der afghanische Kazan funktioniert ähnlich wie ein Schnellkochtopf, weshalb ihr im Schnitt nur ein Drittel der Grillzeit benötigt, die ihr mit einem üblichen Dutch Oven einplant. Schmorgerichte werden darin verdammt gut, zum Brot backen ist er allerdings nicht geeignet. Ihr könnt den afghanischen Kazan auf Kohle oder Glut stellen, eine Feuerplatte funktioniert ebenfalls und die Kür ist natürlich ein Tandoorofen.

Potjie

Der Name »Potjie« ist Afrikaans und heißt so viel wie »kleiner Topf«. Eigentlich sieht dieser »Topf« eher nach einem Kessel aus – und so wurde er ursprünglich auch genutzt. Mittlerweile gibt es die südafrikanische Variante des Dutch Oven sowohl mit als auch ohne Füßchen, und stets mit Deckel. Dank des gusseisernen Materials ermöglicht er ein gleichmäßiges Garen und kann in einen Schwenkgrill gehängt oder auch direkt in die Glut gesetzt werden. Lagerfeuerromantik ist inklusive.

Sač

Ein Sač (auch Peka genannt) ist ein traditionelles Kochgerät in weiten Teilen des Balkans. Er besteht aus zwei Teilen: einer gewölbten Pfanne und einem speziell geformten Deckel aus Ton, Stahl oder Gusseisen. Der Sač aus Gusseisen lässt sich genauso wie ein Dutch Oven bedienen: einfach unten drunter und oben drauf Kohleglut verteilen und losgrillen.

Worauf ihr beim Kauf achten solltet

Dutch Oven gibt es in vielen verschiedenen Formen und Größen. Deshalb solltet ihr euch bereits vor dem Kauf mehrere Fragen stellen, allen voran: Was wollt ihr genau mit eurem Dutch Oven machen? Reicht ein kleiner Dopf für zwei bis vier Personen oder soll es die Partygröße für die ganze Familie inklusive Schwiegereltern sein? Wer sich schon mal mit den Topfgrößen beschäftigt hat, stößt bei der Recherche unweigerlich auf einen Code-Dschungel: DO9, DO45, ft18, ft9 ... verwirrend!

Wichtig für euch ist zu wissen, dass die Zahlen nicht für den Durchmesser der Töpfe stehen, wie oft irrtümlicherweise angenommen wird, sondern für das ungefähre Volumen. So beschreibt DO9 bzw. ft9 die Litergröße des Inhaltes inklusive Deckelvolumen – ihr habt also keine 9 Liter Füllmenge, sondern eher 7 bis 8 Liter. Erfahrungsgemäß fahrt ihr für die Mehrzahl der Dutch-Oven-Rezepte mit einem 6er sehr gut, denn er passt auf die meisten Grills und die Gerichte reichen locker für vier Leute. Bei etwas größeren Events nehme ich gern den 9er, der bis zu acht Personen satt macht oder den 12er für eine 20-köpfige Gesellschaft.

Auch das »Wie« ist wichtig für die finale Kaufentscheidung: Grillt ihr am liebsten auf einem Gasgrill, über glühenden Briketts oder soll der Dutch Oven auch auf dem Gasherd funktionieren? Je nach persönlicher Vorliebe fällt die Entscheidung dann zwischen einem Dopf mit oder ohne Füße. Generell kann man sagen, dass die Variante mit T-Füßen praktischer ist, denn sie lässt sich sowohl auf dem Grillrost als auch über einer Glut problemlos nutzen. Ein Dutch Oven ohne Füße lässt sich schwerer auf einem Bett glühender Briketts platzieren, kann dafür aber auch auf einem Gasherd oder im Backofen verwendet werden. Je nach Hersteller sehen die Füßchen anders aus: Manchmal sind sie rund, manchmal T-förmig. Ich würde immer zu einem Exemplar mit T-Füßen raten. So seid ihr immer safe und die Beinchen können nicht durch den Grillrost rutschen wie bei der runden Variante.

Es gibt auch noch Geräte mit eingebautem Thermometer, aber ehrlich gesagt sind solche Ausführungen beim Dutch Oven nicht wirklich notwendig. Wer sein Grillgut im Auge behalten möchte, ist mit dem Messen der Kerntemperatur bestens bedient.

Zum Schluss kann ich euch nur zu einem ordentlichen Markenprodukt raten, bei dem der Deckel passt und alles super sitzt. Alles andere kann funktionieren, ist aber ein Glücksspiel.

Must-haves beim Zubehör

Der Dutch Oven steht für ursprünglichen Charme und einfache Handhabung. Deshalb benötigt ihr nicht allzu viel zusätzliches Equipment. Hier kommt eine Auflistung an Zubehör, das wirklich Sinn ergibt.

Dutch-Oven-Tisch

Cowboyromantik hin oder her – nicht jeder hat Lust, für seinen Dopf regelmäßig ein Lagerfeuer zu machen und hockend nach dem Rechten zu sehen. Ein sogenannter Dutch-Oven-Tisch (auch Feuer- oder Grilltisch genannt) bietet euch die Annehmlichkeiten des modernen und komfortablen Grillens im Freien. Der stabile Stahltisch pendelt sich meist bei einer Arbeitshöhe um die 80 bis 85 cm ein und bietet, neben einer breiten Arbeitsfläche, ein hohes Windschutzblech an drei Seiten. So könnt ihr bequem im Stehen das Glutbett vorbereiten und euren Dutch Oven befüllen, ohne dass euch ständig Asche ins Gesicht weht. Im Schnitt kostet ein Dutch-Oven-Tisch circa 150 Euro. Man kann ihn aber auch selber bauen, zum Beispiel mithilfe eines Stahltisches oder aus Backsteinen. Gute Anleitungen findet ihr im Internet.

Deckelheber

Durch das gusseiserne Material ist der Dutch Oven sehr schwer – besonders, wenn ihr einen 12er oder 16er auf dem Grill stehen habt. Wenn man sich dann noch vorstellt, wie heiß das Ding wird, geht es im Kopfkino rund. Ein Deckelheber ist deshalb im Umgang mit dem Dutch Oven unerlässlich. Durch einen einfachen Haken oder Klemmmechanismus könnt ihr den Deckel eures Feuertopfes mühelos anheben und wieder aufsetzen. Greift zu einem robusten Exemplar, das gut in der Hand liegt.

Grillhandschuhe

An dieser Stelle dürfte es selbsterklärend sein, dass feuerfeste Grillhandschuhe auch und gerade beim Umgang mit einem Dutch Oven essenziell sind, denn dieses Gerät lässt sich nicht leicht aus der Glut heben. Spart nicht an der Qualität, das kann böse enden. In der Regel kriegt ihr gute Ware schon ab etwa 15 Euro im Grillfachhandel.

Anzündkamin

Wer kein Lagerfeuer im Garten will, kommt dem Cowboyfeeling mit glühender Holzkohle oder Briketts am nächsten. Ein kleiner Anzündkamin erleichtert einen schnellen und effektiven Start ins Grillvergnügen. Er besteht aus einem Rohr mit Belüftungsöffnungen im unteren Bereich, einem Rost für die Kohle und einem Handgriff. Zum Befeuern legt ihr Zeitungs- oder Küchenpapier unter dem Kamin aus, schüttet oben die entsprechende Menge Briketts hinein und zündet das Ganze an. Ein kleiner Anzündkamin kostet zwischen 5 und 40 Euro.

Holzlöffel

Der Holzlöffel fällt ein wenig aus dieser Auflistung heraus und auch wenn er erstmal nicht so sexy klingt, hat er seine Daseinsberechtigung. Mit ihm könnt ihr regelmäßig im Grillgut herumrühren, ohne den Dutch Oven zu beschädigen.

Vorglühen erlaubt: Briketts, Holzkohle und Konsorten

Damit der Dutch Oven beim stundenlangen Vor-sich-hin-Blubbern anständigen Zug hat, braucht ihr eine beständige Hitzequelle mit perfekter Hitzeregulierung – und da kommt nur ein Brennstoff infrage: Briketts. Warum? Briketts (besonders Kokosbriketts) geben sehr lange und sehr gleichmäßig eine ordentliche Hitze ab. Holzkohle dagegen ist zwar meist günstiger, verglüht aber sehr schnell, oft schon nach 20 bis 30 Minuten. Hinzu kommt, dass Holzkohle durch die unterschiedlich großen Stücke keine gleichmäßige Hitzeregulierung ermöglicht.

Ich verwende am liebsten Briketts aus Kokoskohle, denn durch ihre vergleichsweise hohe Dichte glühen sie bis zu 4 Stunden. Meiner Meinung nach erzielt man damit die besten Ergebnisse beim Grillen mit dem Dutch Oven. Es gibt sie in Eier- oder Würfelform – nehmt, was euch glücklich macht. Und so verwendet ihr sie am besten: Im Anzündkamin rund 15 bis 30 Minuten durchziehen lassen, bis eine schöne, gleichmäßige Glut entstanden ist, und dann jeweils unter dem Dutch Oven die Hälfte der Fläche und auf dem Deckel zwei Drittel der Fläche mit glühenden Kohlen bedecken. Diese Faustregel funktioniert bei jedem Dutch-Oven-Rezept, und ihr könnt euch die Zählerei einzelner Briketts genauso sparen wie all die Briketttabellen. Die ergeben auch keinen Sinn, schließlich brennt jede Sorte unterschiedlich heiß und unterschiedlich lange. Außerdem hängt die Brenndauer der Briketts stark von den Außenbedingungen – Wind, Nässe, Kälte oder Sonne – ab.

Eine Alternative zu Briketts ist natürlich das klassische Lagerfeuer oder eben der Gasgrill, bei dem ihr zudem unabhängiger von den Wetterbedingungen seid. Hier fahrt ihr mit 200 bis 220 °C indirekter Hitze am besten. Kurze Bemerkung am Rande: In den Rezepten in diesem Buch habe ich darauf verzichtet, jedes Mal das Prozedere mit den Briketts zu erklären – dafür steht die Faustregel schließlich hier vorne. Außerdem sind die meisten Rezepte mit einem Dutch Oven der Größe 9 nachzugrillen. Nur falls einmal eine andere Größe notwendig ist, steht das entsprechend im Rezept.

Reinigung: Ist das schon Patina oder ist das noch Dreck?

Wer den Fischtopf vom vorletzten Wochenende nicht noch tausendfach durchschmecken will, dem lege ich die folgenden Zeilen besonders ans Herz. Der Dutch Oven besteht aus relativ offenporigem Gusseisen und sollte deshalb nach jedem Gebrauch gründlich gereinigt werden. Das heißt im Klartext: Nach der Benutzung den Dutch Oven vollständig abkühlen lassen, ausspülen und mit einer Spülbürste reinigen, bei hartnäckigen Grillresten darf es auch mal der Stahlschwamm plus Spülmittel sein. Danach trocknet ihr den Topf gut ab und ölt ihn mit Pflegepaste oder einem speziellen Pflegespray ein. Ihr könnt auch neutrales Pflanzenöl benutzen. Wichtig ist, dass ihr das überschüssige Fett mit einem Tuch abwischt.

Zur optimalen Lagerung verwahrt ihr euren Feuertopf an einem trockenen Ort, an dem er atmen kann bzw. Luftzirkulation stattfindet. Das geht am einfachsten, indem ihr zwischen Topf und Deckel ein paar Lagen Küchenpapier legt.

Einbrennen: Herzlich überbewertet

Zugegeben, ich habe mich anfangs auch dazu hinreißen lassen, nur um feststellen zu müssen, dass ihr euch das Einbrennen auch schenken könnt. Es mag ketzerisch klingen, aber Fakt ist, dass das Einbrennen »nur« die Bildung einer Patina befördert, die sowieso durch das regelmäßige Grillen entsteht. Eine Patina dient als Schutzschicht im Topf. Sie soll den Geschmack verstärken und das Ankleben von Gargut verhindern. Doch aus eigener Erfahrung weiß ich, dass es völlig ausreicht, den Topf vor der ersten Nutzung einmal mit heißem Wasser auszuwaschen und dann direkt loszugrillen. Bei der ersten Benutzung einfach mit sehr viel Fett arbeiten, das reicht.

Gewürze: Mehr Zauber im Dutch Oven

Natürlich steht und fällt jedes Grillrezept mit der Qualität des Fleisches, und für klassisches BBQ sind Salz und Pfeffer zum Würzen völlig ausreichend. Wenn ihr mit einem Dutch Oven grillt, liegt die Sache ein wenig anders, denn da wäre selbst das beste Schichtfleisch nach stundenlangem Garen ohne Würzung eine ziemlich fade Angelegenheit. In einem Dutch Oven werdet ihr nie solche Röstaromen ins Fleisch kriegen wie bei einem Steak auf dem Grillrost.

Nun, der Dutch Oven hat seine eigenen Regeln, doch im Grunde liegt dem eine ganz einfache Rechnung zugrunde, die ihr von eurem liebsten Gulaschrezept kennt:

Fleisch + Gewürze + Geschmacksträger x Zeit = ganz großes Kino.

Mit anderen Worten: Gewürze bringen Schmackes in den Feuertopf – und einige meiner Lieblingsmischungen und Aromen stelle ich euch hier vor.

Dutch-Oven-Zauber

Gerade weil der Dutch Oven ohne Röstaromen auskommen »muss«, habe ich mir eine besondere Gewürzmischung ausgedacht, die den Geschmack der Feuertopfgerichte nochmal auf eine neue Ebene hebt. Wacholderbeeren spielen dabei eine wichtige Rolle. Sie enthalten ein ätherisches Öl, das sehr komplexe Aromen in sich vereint. Es schmeckt leicht pfeffrig, leicht süßlich und erinnert ein bisschen an Nadelwald. Es hat schon seinen Grund, warum Wacholderbeeren eine der wichtigsten Zutaten für Gin sind. Ihr kriegt meinen Dutch-Oven-Zauber natürlich überall zu kaufen – Support ist kein Mord; ihr wisst, wie das Spiel hier läuft –, aber ich verrate euch auch, wie ihr das Zauberpulver selber machen könnt: 4 EL Pfefferkörner und 4 EL Wacholderbeeren in einem Mörser zerkleinern und mit 12 EL Salz, 12 TL getrocknete Dillspitzen und jeweils 4 EL Zwiebelpulver, Knoblauchpulver, gemahlenem Kurkuma und Zucker in einer Schüssel vermengen.

Das Geheimnis ist Brühe

Die Basis für gute Eintöpfe, Suppen und Saucen schlechthin ist Gemüse- oder Fleischbrühe. Wer regelmäßig »dopft«, sollte immer einen Vorrat davon zu Hause haben. Brühe liefert ohne viel Aufwand eine schöne Hintergrundmusik. Ich verwende für meine Dutch-Oven-Rezepte am liebsten Gemüsebrühe, weil sie durch die verschiedenen Kräuter, Gewürze und Gemüsearten schön würzig ist, ohne zu aufdringlich im Geschmack zu sein. Auf dieser

Grundlage ist aromatisch einfach alles möglich. Ihr könnt meine Basic Stock verwenden oder eine Brühe eurer Wahl.

Rauchiges

Wir hatten das Thema schon: Raucharoma und Dutch Oven sind keine natürlichen Partner, aber das heißt noch lange nicht, dass ihr darauf verzichten müsst. Im Gegenteil! Der Dutch Oven bietet uns so vielseitige Einsatzmöglichkeiten, da kann je nach Fleisch und Zubereitungsart ein bisschen Nachhilfe in Sachen Rauch nicht schaden. Meine beliebtesten Helfer aus dieser Kategorie sind definitiv Rauchsalz, geräuchertes Paprikapulver, Liquid Smoke und mein Smoky-Porky-Gewürz. Doch der Reihe nach:

- Rauchsalz ist Meersalz, das bei niedrigen Temperaturen über Holz (meist Buchen, Erlen- oder Hickoryholz) geräuchert wird. Dadurch wird es braun und schmeckt bei guter Qualität sehr intensiv nach Rauch. Es ist eine super Ergänzung in Gewürzmischungen oder für Braten und Pulled Pork als Alternative zu herkömmlichem Salz.
- Geräuchertes Paprikapulver (auch bekannt als Pimentón de la Vera) wird aus roten Paprika hergestellt und über einen längeren Zeitraum über Eichenholz geräuchert und getrocknet. Das feine süß-herbe Pulver ist unglaublich kräftig im Geschmack. Ich verwende es sehr gern für Eintöpfe wie Gulasch oder Soljanka.
- Bei Liquid Smoke ist die Dosis das Gift. Vielleicht habt ihr die kleinen Fläschchen mit der dunklen Flüssigkeit schon mal in einem gut sortierten Supermarkt gesehen. Sie wirken unscheinbar, doch hält man die Nase über den geöffneten Flaschenhals, dann merkt man, was für ein Teufelsgebräu das ist. Dieser unglaublich intensive Speckgeruch ist einfach der Wahnsinn. Liquid Smoke wird industriell hergestellt und muss wirklich vorsichtig eingesetzt werden, sonst übertüncht das Aroma alles andere in eurem Gericht.
- In meinem Smoky-Porky-Gewürz vereine ich unter anderem das intensive Aroma vom Rauchsalz mit würzigem Liebstöckel, feinem Zimt und der fruchtigen Herbe des geräucherten Paprikapulvers. Der Name verrät es schon – die Mischung ist für Grillgerichte mit Schweinefleisch einfach genial.

TIPP

Smoky-Porky-Gewürz selber machen

1 TL Sternanis in einem Mörser grob zerstoßen. Mit 16 EL geräuchertem Paprikapulver, 8 EL Rauchsalz, jeweils 4 TL getrocknetem Liebstöckel, Zwiebelpulver und Knoblauchpulver sowie 1 TL gemahlenem Zimt in einer Schüssel vermengen.

Wem das alles zu viel Schnickschnack ist, für den habe ich noch einen genialen Tipp: Ihr könnt den rauchigen Effekt bei vielen Dutch-Oven-Gerichten auch mit ein paar Scheiben gut geräuchertem Frühstücksspeck erreichen, indem ihr den Topf damit auslegt.

Salz und Zucker

Ich erwähne es immer wieder gern: Salz und Zucker sind sehr gute Freunde, denn es sind beide wichtige Geschmacksträger. Während Salz den Eigengeschmack der Zutaten hervortreten lässt, sorgt der Zucker für Ausgleich bei zu viel Säure und für einen runden Geschmack. Wenn ihr das Gefühl habt, dass geschmacklich etwas fehlt, dann versucht es mal mit einer Prise Zucker.

KLAUS GRILLT
FINEST GRILL & BBQ

KLAUS GRILLT

WILD UND GEFLÜGEL

BBQ Chicken Drumsticks

ZEITBEDARF
15 Minuten vorbereiten
55 Minuten grillen

ZUTATEN FÜR 4 PERSONEN
1,6 kg Hähnchenunterschenkel (Drumsticks)
100 g Frühstücksspeck
4 EL *Klaus grillt »Asia Chicken«* (alternativ: chinesisches Wokgewürz)
10 Scheiben eingelegter Sushi-Ingwer
50 ml flüssiger Honig
50 ml *Klaus grillt »BBQ Sauce Hot«*

Grill auf mittlere Stufe vorheizen.

Inzwischen die Hähnchenunterschenkel am unteren Drittel rundherum bis zum Knochen einschneiden, den unteren Teil wegschneiden und die Haut nach oben schieben.

Den Dutch Oven mit Frühstücksspeck auslegen, Hähnchenunterschenkel mit dem Asia-Gewürz würzen und mit dem fleischigen Ende nach unten aufrecht in den Dutch Oven setzen.

Den Dutch Oven auf den Grill stellen, den Deckel aufsetzen und die Keulen ca. 45 Minuten garen. Inzwischen den Ingwer fein hacken und mit dem Honig und der Grillsauce in einer Schüssel zu einer Glace verrühren.

Die Glace auf dem Fleisch verteilen und alles weitere 10 Minuten grillen. Anschließend den Dutch Oven vorsichtig vom Grill nehmen und die Unterschenkel herausnehmen.

TIPP

Für die Glace verwende ich gern eine Squeeze-Flasche. Damit könnt ihr die Glace schön gleichmäßig auf dem Fleisch verteilen.

Chicken Curry

ZEITBEDARF
15 Minuten vorbereiten
15 Minuten grillen

ZUTATEN FÜR 4 PERSONEN
500 g Zwiebeln
700 g Hähnchenbrustfilet
4 EL neutrales Pflanzenöl
1 EL Salz
700 ml Kokosmilch
100 g Tandoori-Paste (asiatisch oder indisch)
2 EL Zucker
Klaus grillt »Mit Scharf« nach Belieben

Den Dutch Oven auf den Grill setzen und auf höchste Stufe vorheizen.

Inzwischen die Zwiebeln schälen und in feine Scheiben schneiden. Die Hähnchenbrust in ca. 0,5 cm dünne Scheiben schneiden.

Das Öl in den Dutch Oven gießen, Zwiebeln und Salz dazugeben und die Zwiebeln glasig andünsten. Das Hähnchenfleisch dazugeben und rundherum scharf anbraten. Mit Kokosmilch ablöschen, die Tandoori-Paste einrühren und zu einer sämigen Sauce einkochen. Mit Zucker abschmecken und vom Grill nehmen.

Chicken Curry mit Reis servieren und nach Geschmack mit etwas *Mit-Scharf-Gewürz* nachwürzen.

Außen knusprig, innen zart: Dieses Hähnchen punktet nicht nur mit feinem Heuaroma, sondern liefert direkt die passende Beilage dazu! Eine super Nummer für ein Feierabendessen mit Familie und Freunden.

Goldbroiler vom Heubett

ZEITBEDARF
15 Minuten vorbereiten
90 Minuten grillen

EQUIPMENT
4 Handvoll frisches Heu (z. B. aus dem Tierfachhandel)
Stapelrosteinsatz für den Dutch Oven

ZUTATEN FÜR 4 PERSONEN
1 Hähnchen (ca. 1,6 kg)
4 EL *Klaus grillt »Goldbroiler«* (siehe Tipp)
1 kg festkochende Kartoffeln
1 Bund Frühlingszwiebeln
250 g Snackpaprika

Grill auf mittlere Stufe (200–220 °C) vorheizen.

Inzwischen das Heu kurz abbrausen und abtrocknen bzw. trocken schütteln. Das Hähnchen in einer Schüssel mit dem Goldbroiler-Gewürz einreiben und beiseitestellen. Kartoffeln, Frühlingszwiebeln und Paprika jeweils abbrausen und abtrocknen bzw. trocken schütteln. Wurzelenden der Frühlingszwiebeln entfernen.

Das Heu kurz in einen Behälter mit ca. 2 Liter warmem Wasser eintauchen, etwas abtropfen lassen und den Boden des Dutch Oven damit auslegen. Den Stapelrosteinsatz auf dem Heubett platzieren und das Hähnchen darauflegen. Kartoffeln, Frühlingszwiebeln und Paprika drum herum verteilen und den Deckel aufsetzen.

Den Dutch Oven auf den Grill stellen und alles 60–90 Minuten garen, je nach Größe des Hähnchens. Anschließend den Dutch Oven vom Grill nehmen, Hähnchen und Gemüse vom Heubett nehmen und servieren.

TIPP

Goldbroiler-Gewürz selber machen

8 EL Meersalz mit 12 EL edelsüßem Paprikapulver, 8 TL Zwiebelpulver, 8 TL Knoblauchpulver, 8 TL getrocknetem Oregano, 8 TL getrocknetem Thymian und jeweils 4 TL Chiliflocken, getrocknetem Majoran und getrocknetem Liebstöckel in einer Schüssel vermengen.

Für diese Nummer schlägt mein Herz gleich ein paar Takte schneller. Würzfleisch ist in Ostdeutschland immer und überall auf der Speisekarte zu finden – und das zu Recht! Die kleinen überbackenen Happen sind super einfach zuzubereiten und wahnsinnig lecker. Hier kommt meine Dutch-Oven-Version:

Würzfleisch

ZEITBEDARF
10 Minuten vorbereiten
15 Minuten grillen

EQUIPMENT
4 feuerfeste Förmchen

ZUTATEN FÜR 4 PERSONEN
1,2 kg Hähnchenfleisch (vorgegart)
100 g Butter
2 EL Mehl
1 l Gemüsebrühe
1 Dose Champignons (200 g Abtropfgewicht)
100 ml Weißwein
2 EL Zucker
Saft von 1 Zitrone
200 g geriebener Käse
1 Zitrone zum Servieren
4 Toastscheiben
4 TL Worcestersauce »Dresdner Art«

Hähnchenfleisch in kleine Stücke zupfen oder schneiden.

Den Dutch Oven auf den Grill setzen und auf geringe bis mittlere Hitze vorheizen.

Die Butter im Dutch Oven zerlassen (nicht verbrennen!). Unter ständigem Rühren das Mehl dazugeben und kurz aufkochen lassen, bis eine sämige, leicht goldbraune Paste entstanden ist. Nach und nach die Gemüsebrühe zugießen und stets weiterrühren, bis eine glatte Sauce entsteht.

Champignons und Fleisch dazugeben, dann den Weißwein einrühren. Mit Zucker und Zitronensaft abschmecken und kurz aufkochen lassen.

Den Dutch Oven vom Grill nehmen. Das Würzfleisch auf die vier Förmchen verteilen, mit geriebenem Käse bestreuen und in die indirekte Hitze des Grills stellen.

Anschließend ca. 10 Minuten grillen, bis sich eine schöne Kruste auf dem Würzfleisch gebildet hat. Inzwischen die Zitrone in Spalten schneiden. Toastscheiben jeweils einmal quer halbieren und kurz auf dem Grill von beiden Seiten anrösten.

Die Förmchen vom Grill nehmen und das Würzfleisch zusammen mit dem Toast, der Worcestersauce und den Zitronenspalten servieren.

Pulled Bambi

ZEITBEDARF
15 Minuten vorbereiten
3 ½ Stunden grillen

EQUIPMENT
Pulled-Pork-Krallen
Dutch Oven, Größe 12

ZUTATEN FÜR 10 PERSONEN
3 Gemüsezwiebeln
4 EL neutrales Pflanzenöl
2 ½ kg Rehkeule
60 g *Klaus grillt »Dutch Oven Zauber«* (siehe Seite 22)
250 g Butter
400 ml Rotwein

Grill auf mittlere Stufe (200 °C) vorheizen.

Inzwischen die Zwiebeln schälen und vierteln. Das Öl in den Dutch Oven gießen, Zwiebeln dazugeben und das Reh hineinlegen. Das Dutch-Oven-Gewürz auf dem Fleisch verteilen, Butter dazugeben und den Rotwein angießen.

Den Deckel aufsetzen und den Dutch Oven auf den Grill setzen. Die Rehkeule ca. 3 ½ Stunden oder bis sie eine Kerntemperatur von 93 °C erreicht hat, schmoren lassen. Ab und zu etwas Wasser nachfüllen.

Den Dutch Oven vom Grill nehmen. Die Rehkeule herausheben, mit den Pulled-Pork-Krallen zu einzelnen Fasern auseinanderziehen und mit der Sauce vermengen.

TIPP

Statt Pulled-Pork-Krallen könnt ihr auch zwei stabile Gabeln nehmen.

Hier kommt meine heißgeliebte Freundin zum Einsatz: die Gulaschcreme. Wer noch keine Bekanntschaft mit ihr geschlossen hat, sollte dies schleunigst nachholen. Sie sorgt bei diesem würzigen Wildgulasch für Rambazamba im Dutch Oven.

Sahniges Wildgulasch

ZEITBEDARF
20 Minuten vorbereiten
2 ½ Stunden grillen

EQUIPMENT
Holzlöffel
Grillzange
Dutch Oven, Größe 12

ZUTATEN FÜR CA. 20 PERSONEN
1 ½ kg Zwiebeln
1 ½ kg Bratenstücke vom Rind
1 ½ kg Hirschgulasch
700 g Kaninchengulasch
1 ½ kg Rehgulasch
60 ml neutrales Pflanzenöl
1 Tube Gulaschcreme (à 160 g)
2 EL *Klaus grillt »Wilder Klaus Red«* (siehe Tipp)
2 ½ l Gemüsebrühe
80 g getrocknete Pilze (z. B. Steinpilze)
500 g saure Sahne
Zucker nach Belieben

Den Dutch Oven auf den Grill stellen und auf höchste Stufe vorheizen.

Inzwischen die Zwiebeln schälen und klein schneiden. Das Fleisch gegebenenfalls in ca. 2 cm dicke Würfel schneiden.

Das Öl in den Dutch Oven geben und das Fleisch darin portionsweise scharf anbraten und wieder herausnehmen.

Die Gulaschcreme im Dutch Oven anschwitzen. Zwiebeln und Gewürzmischung dazugeben, die Zwiebeln glasig anschwitzen und mit der Gemüsebrühe übergießen. Getrocknete Pilze einrühren, das Fleisch dazugeben und den Grill auf 200 °C herunterschalten.

Den Deckel auf den Dutch Oven setzen und das Gulasch 2 ½ Stunden schmoren. Anschließend die saure Sahne unterrühren und nach Geschmack noch mit Zucker abschmecken.

Den Dutch Oven vom Grill nehmen, und das Gulasch mit Baguette servieren.

TIPP

Wilder-Klaus-Red-Gewürz selber machen

8 EL schwarze Pfefferkörner, 4 TL Koriandersamen, 4 EL Wacholderbeeren und 4 EL Pimentkörner in einem Mörser leicht zerstoßen. Mit 8 EL Salz, 8 EL rosenscharfem Paprikapulver, 4 TL gemahlenem Zimt, 4 EL getrocknetem Thymian und 4 EL getrocknetem Majoran in einer Schüssel vermengen.

RINDFLEISCH

XXL BBQ-Roulade

ZEITBEDARF

40 Minuten vorbereiten
3 1/2 Stunden grillen

EQUIPMENT

Fleischklopfer
Holzspieße
Grillthermometer

ZUTATEN FÜR 4 PERSONEN

5 Zwiebeln
6 Gewürzgurken
1 Bund Suppengrün
1,2 kg Entrecote
80 ml neutrales Pflanzenöl
4 EL *Klaus grillt »Grillpfeffer«* (siehe Seite 76)
4 EL Senf
250 g Speckwürfel
4 EL Tomatenmark
4 EL *Klaus grillt »Dutch Oven Zauber«* (siehe Seite 22)
400 ml Portwein
50 g Butter
frische Bandnudeln als Beilage

Grill auf höchste Stufe vorheizen.

Die Zwiebeln schälen und würfeln, die Gurken in einem Sieb abtropfen lassen und würfeln. Suppengrün abbrausen, Möhren und Knollensellerie schälen, in Scheiben schneiden und würfeln. Lauch in Ringe schneiden.

Vom Entrecote unten eine 1 cm dicke Scheibe einschneiden, aufklappen und den verbliebenen dickeren Teil von der anderen Seite 1 cm dick einschneiden und aufklappen, sodass ihr ein großes rechteckiges Stück Fleisch habt. Das Fleisch flach ausrollen, mit dem Fleischklopfer gleichmäßig flach klopfen, bis die Roulade ca. 0,5 cm dick ist. Mit ca. 40 ml Öl einreiben.

Fleisch mit der geölten Seite auf den Grillrost legen, nach 30 Sekunden um 90° drehen (Schachbrettmuster) und nach weiteren 30 Sekunden vom Grill nehmen. Fleisch mit der gegrillten Seite auf ein Brett legen, mit dem Fleischklopfer flach klopfen und die ungegrillte Seite mit Grillpfeffer einreiben. Mit Senf bestreichen und mit der Hälfte der Zwiebeln, Gewürzgurken und Speck belegen. Von der kurzen Seite aufrollen und mit Spießen fixieren.

Den Dutch Oven auf den Grill stellen und das restliche Öl darin erhitzen. Suppengrün und restliche Zwiebeln darin rundherum scharf anbraten. Tomatenmark kurz mitrösten und das Dutch-Oven-Gewürz dazugeben. Mit Portwein ablöschen und 1 l Wasser zugießen. Die Roulade auf das Gemüse legen, den Deckel aufsetzen und den Grill auf ca. 200 °C heruntersetzen. Anschließend ca. 3 1/2 Stunden grillen. Bei Bedarf Wasser nachgießen.

Roulade aus dem Dutch Oven heben und in dicke Scheiben schneiden. Bratensud in einen hohen Becher gießen, mit Butter zu einer Sauce rühren und mit Salz und Pfeffer abschmecken. Rouladen mit Sauce und nach Belieben mit Bandnudeln servieren.

Pri an igno
opn. Altera
feugiat
Mazim salutatus te
eum, cum aliquip
oblique fastidii
INCORRUPTE

Vergesst Schichtfleisch mit Schwein, denn diese Variante mit Rindfleisch ist um Längen besser. Dazu kommt die geheime Zutat Pflaumenmus. Selbst wenn ihr sonst kein Pflaumenmus mögt – in Verbindung mit Rindfleisch und Zwiebeln schmeckt es hervorragend, ähnlich wie Grillsauce.

Beef-Schichtfleisch

ZEITBEDARF

20 Minuten vorbereiten
3 Stunden grillen

ZUTATEN FÜR 4 PERSONEN

4 Gemüsezwiebeln
2 kg Entrecote
200 g Pflaumenmus
100 g Senf
4 EL *Klaus grillt »Smokey Honey Dust«* (siehe Tipp)
4 EL neutrales Pflanzenöl für den Topf
Reis als Beilage

Grill auf mittlere Stufe vorheizen.

Inzwischen die Zwiebeln schälen und in feine Ringe schneiden. Das Entrecote in 1 cm dicke Steaks schneiden und zusammen mit den restlichen Zutaten (bis inklusive Gewürzmischung) in einer großen Schüssel vermengen.

Den Dutch Oven auf den Grill stellen und das Öl darin erhitzen. Die Steak-Zwiebel-Mischung dazugeben, den Deckel aufsetzen und ca. 3 Stunden grillen. Bei Bedarf zwischendurch etwas Wasser dazugießen.

Den Dutch Oven vom Grill nehmen und das Schichtfleisch mit Reis servieren.

TIPP

Smokey Honey Dust selber machen

16 Pfefferkörner und 4 TL Kreuzkümmel in einem Mörser leicht zerstoßen und mit 8 EL Zucker, 8 EL Honigpulver und jeweils 4 EL geräuchertes Paprikapulver, Zwiebelpulver, Knoblauchpulver und Rauchsalz in einer Schüssel vermengen.

Fingerfood mit knuspriger Panade geht einfach immer und schmeckt jedem. Diese Kentucky-Fried-Steak-Fingers schmecken genial mit Mayo oder *Klaus grillt »Western Sauce«*.

Kentucky-Fried-Steak-Fingers

ZEITBEDARF

15 Minuten vorbereiten
15 Minuten marinieren
15 Minuten grillen

ZUTATEN FÜR 4 PERSONEN

1–2 l Frittieröl
1,2 kg Entrecote
400 ml Buttermilch
2 EL *Klaus grillt »Magic Spice«*
4 Eier (Größe M)
Mehl zum Panieren
Panko zum Panieren

Das Öl in den Dutch Oven gießen, auf den Grill stellen und auf 170 °C vorheizen.

Inzwischen das Entrecote in fingerdicke Scheiben schneiden und anschließend jeweils längs halbieren. Das Fleisch mit Buttermilch und dem Gewürz vermengen und ca. 15 Minuten marinieren.

Die Eier in einer flachen Schüssel (Suppenteller) aufschlagen und verquirlen. Mehl und Panko jeweils in separate flache Schüsseln streuen. Die Fleischstücke nacheinander zuerst in Mehl, dann in Ei und zum Schluss in Panko wälzen.

Panierte Fleischstreifen portionsweise im Dutch Oven ca. 7 Minuten goldbraun frittieren, mit einer Schaumkelle herausheben und auf Küchenpapier abtropfen lassen. Sofort mit einem leckeren Dip servieren.

TIPP

Nicht alle Steak Fingers gleichzeitig frittieren, sonst kühlt das Frittieröl zu stark ab und am Ende zieht ihr nur halbgare Dinger raus. Für eine richtig coole Steak-Fingers-Pommes-Party einfach nach dem Fleisch noch TK-Pommes in das heiße Öl werfen und knusprig frittieren.

Wer Ossobuco kennt, merke sich: Dieses Gericht schmeckt noch besser! Das liegt vor allem an den Knochen und der Gelatine im Ochsenschwanz, die für mehr Würze sorgen.

Ochsenschwanz vom Grill

ZEITBEDARF
30 Minuten vorbereiten
2 ½ Stunden grillen

ZUTATEN FÜR 4 PERSONEN
1 Zwiebel
1 Bund Suppengrün
1,6 kg Ochsenschwanz
4 EL neutrales Pflanzenöl
2 EL Tomatenmark
160 ml Rotwein
400 ml Gemüsebrühe
400 ml passiert Tomaten
1–2 EL *Klaus grillt »Umami Tsunami«* (siehe Tipp)
Salz

Grill auf höchste Stufe vorheizen.

Inzwischen die Zwiebel schälen und würfeln. Suppengrün abbrausen, Möhren schälen und würfeln. Knollensellerie schälen, in Scheiben schneiden und anschließend würfeln. Lauch in Ringe schneiden.

Den Ochsenschwanz auf dem Grill rundum scharf angrillen, beiseitelegen und den Grill auf ca. 200 °C heruntersetzen. Den Dutch Oven auf den Grill stellen und das Öl darin erhitzen. Vorbereitetes Gemüse darin so lange braten, bis es Farbe annimmt.

Den Ochsenschwanz in 2–3 Stücke schneiden oder hacken. Das Tomatenmark unter das Gemüse rühren, alles mit Rotwein ablöschen und die Brühe zugießen. Passierte Tomaten einrühren und mit dem Umami-Gewürz abschmecken. Die Ochsenschwanzstücke in den Dutch Oven geben, den Deckel aufsetzen und ca. 2 ½ Stunden grillen.

Den Dutch Oven vom Grill nehmen und den Ochsenschwanz mit der Gemüsesauce servieren.

TIPP

Übrigens: Die Sehnen im Ochsenschwanz braucht ihr vorab nicht zu entfernen. Durch die Hitze im Dutch Oven schmelzen sie zu Gelatine ein und verbinden sich mit der Sauce zu einem würzigen Umami-Erlebnis.

Lust auf butterzartes, extravagantes Pulled Beef? Dank der Pflaumen und Tomaten bekommt das Fleisch eine fruchtige Note, die Cola sorgt für eine kräftige Säure. Einfach mega!

Pulled Beef mit Cola und Pflaumen

ZEITBEDARF
15 Minuten vorbereiten
3 ½ Stunden grillen

EQUIPMENT
Pulled-Pork-Krallen

ZUTATEN FÜR 8 PERSONEN
3 Gemüsezwiebeln
600 g frische Pflaumen
7 Tomaten
2,7 kg Rindernacken oder Entrecote
4 EL *Klaus grillt »Dutch Oven Zauber«* (siehe Seite 22)
1 l Cola

Grill auf höchste Stufe vorheizen.

Inzwischen Zwiebeln schälen und in Ringe schneiden. Pflaumen und Tomaten abbrausen und abtrocknen. Die Pflaumen halbieren und den Stein entfernen. Die Tomaten jeweils vierteln.

Das Fleisch mittig in den Dutch Oven geben. Pflaumen, Tomaten und Zwiebeln darum herum verteilen und das Dutch-Oven-Gewürz darüberstreuen. Die Cola zugießen, den Deckel aufsetzen und das Ganze ca. 3 Stunden garen. Bei Bedarf zwischendurch etwas Wasser nachgießen.

Den Dutch Oven vom Grill nehmen, das Fleisch mithilfe der Pulled-Pork-Krallen zerrupfen und mit der Sauce vermengen. Anschließend nach Belieben portionieren und servieren.

UEM DELICATISSIM
RUPTE

Diese einfachen Schichtrouladen machen sich super im Brötchen – und sind schnell an alle hungrigen Gäste verteilt.

Schichtrouladen

ZEITBEDARF
20 Minuten vorbereiten
2 Stunden grillen

ZUTATEN FÜR 4 PERSONEN
8 Rouladen
1 Gemüsezwiebel
200 g Zwiebeln
4 Gewürzgurken
4 EL *Klaus grillt »Willy Tonka«*
6 Scheiben Frühstücksspeck
8 EL Senf
160 g Speckwürfel
500 ml Rinderfond
1 EL Tomatenmark
3 EL Sojasauce
Brötchen nach Belieben

Grill auf 200 °C vorheizen.

Inzwischen die Rouladen gegebenenfalls halbieren und mit Öl bestreichen. Die Zwiebeln schälen, die Gemüsezwiebel in 1 cm dicke Ringe schneiden, die restlichen Zwiebeln würfeln. Gewürzgurken in Scheiben schneiden.

Die Rouladen mit der eingeölten Seite auf den Grillrost legen, 30 Sekunden scharf anbraten und wieder vom Grill nehmen. Mit dem Willy-Tonka-Gewürz einreiben.

Den Dutch Oven mit dem Frühstücksspeck auslegen und die Zwiebelringe darauf verteilen. Anschließend alle Rouladenscheiben mit Senf bestreichen. Jeweils mit Zwiebelwürfeln, Speckwürfeln und Gewürzgurken belegen und im Dutch Oven schichten.

Rinderfond, Tomatenmark und Sojasauce in einer Schüssel verrühren und in den Dutch Oven gießen. Den Deckel aufsetzen, den Dutch Oven auf den Grill stellen und das Ganze ca. 2 Stunden grillen.

Den Dutch Oven vom Grill nehmen und die Rouladen mit Brötchen und der Sauce servieren.

Sensationelles Fleisch aus ungewöhnlichen Teilstücken: Traut euch ran an die Beinscheiben und freut euch auf zartes Fleischvergnügen aus dem Dutch Oven.

»Ossi« Bucco

ZEITBEDARF
15 Minuten vorbereiten
3 Stunden grillen

ZUTATEN FÜR 4 PERSONEN
4 EL neutrales Pflanzenöl
4 Beinscheiben vom Rind
4 Gemüsezwiebeln
1 kg gemischte Tomaten (Cherrytomaten, Datteltomaten, Salattomaten)
100 g Mehl
6 EL *Klaus grillt »BBQ Sauce Sweet«*
1 EL körnige Gemüsebrühe
Reis als Beilage

Grill auf höchste Stufe vorheizen.

Den Dutch Oven auf den Grill stellen und das Öl darin erhitzen. Inzwischen die Knochen aus den Beinscheiben schneiden (nicht wegwerfen!) und das Fleisch würfeln. Die Zwiebeln schälen und vierteln. Die Tomaten abbrausen und abtrocknen.

Die Fleischstücke nacheinander in Mehl wenden und im Dutch Oven scharf anbraten. Zwiebeln, Knochen und Tomaten dazugeben und kurz mitbraten. Grillsauce und Gemüsebrühe zugeben, alles verrühren und den Deckel auflegen. Anschließend ca. 3 Stunden grillen. Zwischendurch insgesamt ca. 1 Liter Wasser nachgießen.

Den Dutch Oven vom Grill nehmen und die Knochen entfernen. Die Fleischmischung mit Reis oder Weißbrot servieren.

Fleisch, das im eigenen Saft gegart wurde, ist für mich das Beste, was es gibt. Diese zart gegarten Fleischstücke schmecken übrigens auch super auf Sandwich-Toast.

Onglet in Rotwein

ZEITBEDARF
15 Minuten vorbereiten
3 1/2 Stunden grillen

EQUIPMENT
Stabmixer

ZUTATEN FÜR 4 PERSONEN
3 Zwiebeln
3 Paprikaschoten
2 EL *Klaus grillt »Western Sauce«*
4 EL *Klaus grillt »Dutch Oven Zauber«* (siehe Seite 22)
200 ml Rotwein
800 g Onglet
1 Scheibe Toastbrot

Grill auf 200 °C vorheizen.

Inzwischen Zwiebeln schälen und in Ringe schneiden. Paprika abbrausen, abtrocknen, entkernen und in Streifen schneiden.

Zwiebeln und Paprika im Dutch Oven vermengen. Western Sauce, Dutch-Oven-Gewürz und Rotwein dazugeben und alles gut umrühren. Das Onglet darauflegen, den Deckel aufsetzen, den Dutch Oven auf den Grill stellen und alles ca. 3 Stunden grillen. Bei Bedarf zwischendurch etwas Wasser zugießen.

Den Dutch Oven vom Grill nehmen und das Onglet herausheben. Das Toastbrot zerzupfen, in die Sauce geben und mit dem Stabmixer sämig pürieren. Das Onglet tranchieren und mit der Sauce servieren.

TIPP

Übrigens, kleine Fleischkunde am Rande: Onglet (auch Nierenzapfen genannt) ist von der Färse beim Rind, also von weiblichen, ausgewachsenen Kühen, die noch nicht gekalbt haben. Pro Tier gibt es dieses Stück Fleisch nur einmal und es stammt aus dem Lendenteil des Zwerchfells. Onglet schmeckt so kräftig wie Rib Eye und ist dabei so zart wie Filet. Ein echter Geheimtipp!

Sahnig, sahniger, Zwiebel-Sahne-Schnitzel! Schnell vorbereitet und herrlich mild im Geschmack.

Zwiebel-Sahne-Schnitzel

ZEITBEDARF

15 Minuten vorbereiten
45 Minuten grillen

ZUTATEN FÜR 4 PERSONEN

4 Zwiebeln
1,4 kg Schnitzelfleisch vom Rind
60 ml Sojasauce
4 EL neutrales Pflanzenöl
200 g Speckwürfel
1 kg Schlagsahne
4 EL *Klaus grillt »Dutch Oven Zauber«* (siehe Seite 22)
Kartoffelpüree oder Bandnudeln als Beilage

Den Dutch Oven auf den auf 200 °C vorgeheizten Grill stellen.

Zwiebeln schälen und fein würfeln. Schnitzelfleisch in fingerdicke Scheiben schneiden, mit dem Fleischklopfer gleichmäßig flach klopfen und in einer Schüssel mit der Sojasauce übergießen.

Das Öl im Dutch Oven erhitzen, Speck und Zwiebeln dazugeben und scharf anbraten. Die Sahne dazugießen und mit dem Dutch-Oven-Gewürz würzen. Die Schnitzel im Dutch Oven verteilen, sodass sie komplett mit der Sahnesauce bedeckt sind. Den Deckel auflegen und das Ganze 40–45 Minuten grillen.

Den Dutch Oven vom Grill nehmen. Schnitzel mit der Sauce servieren, dazu Kartoffelpüree oder Bandnudeln reichen.

Für diesen englischen Schmortopf gibt es sicher Tausende Rezeptvarianten. Meine ist ohne Schnickschnack, garantiert dafür tollen Geschmack. Die verschiedenen Fleischteile vom Rind sorgen für unterschiedliche Texturen und puren Genuss.

Beef Stew

ZEITBEDARF

30 Minuten vorbereiten
3 Stunden grillen

ZUTATEN FÜR 4 PERSONEN

2 EL Klaus grillt »Dutch Oven Zauber« (siehe Seite 22)
1 Bund Suppengrün
200 g Tomaten
200 g festkochende Kartoffeln
1 kg Rinderbraten
300 g Rindergeschnetzeltes
500 g Entrecote
100 ml Weißwein
Brot zum Servieren

Grill auf 200 °C vorheizen.

Inzwischen das Dutch-Oven-Gewürz mit 1 Liter Wasser anrühren. Suppengrün abbrausen, Möhren schälen und in Scheiben schneiden. Knollensellerie schälen, in Scheiben schneiden und anschließend würfeln. Lauch in Ringe schneiden. Tomaten und Kartoffeln abbrausen und abtrocknen, Kartoffeln in dicke Scheiben schneiden.

Rinderbraten, Rindergeschnetzeltes, Entrecote, Tomaten, Kartoffeln und Suppengrün im Dutch Oven schichten. Gewürzbrühe und Weißwein zugießen und den Dutch Oven auf den Grill stellen. Deckel auflegen und das Ganze ca. 3 Stunden grillen. Bei Bedarf zwischendurch etwas Wasser nachgießen.

Den Dutch Oven vom Grill nehmen, das Stew in tiefen Tellern anrichten und mit Brot zum Aufnehmen der Sauce servieren.

Ich liebe solche Dutch-Oven-Gerichte, bei denen man einfach alles in einen Topf wirft und am Ende ein leckeres Gericht mitsamt Beilagen und Sauce bekommt. Durch das vorherige Frittieren haben die Fleischstücke eine knusprige Kruste und sind innen noch super saftig.

Zwiebel-Reis-Fleisch

ZEITBEDARF

15 Minuten vorbereiten
2 3/4 Stunden grillen

ZUTATEN FÜR 4 PERSONEN

1–2 l Frittieröl
2 Gemüsezwiebeln
1 Knoblauchzehe
1 kg Entrecôte oder Rindernacken
60 g *Klaus grillt »Dutch Oven Zauber«* (siehe Seite 22)
500 g Reis, z. B. Basmati

Den Dutch Oven auf den Grill stellen, das Öl eingießen und auf höchste Stufe vorheizen.

Inzwischen Zwiebeln und Knoblauch schälen, die Zwiebeln vierteln, den Knoblauch halbieren. Das Rindfleisch in faustgroße Stücke schneiden.

Das Fleisch portionsweise in den Dutch Oven geben und so lange frittieren, bis sich eine knusprige Kruste um das Fleisch gebildet hat. Mit einer Schaumkelle das Fleisch herausheben und auf Küchenpapier abtropfen lassen. Öl abgießen und den Dutch Oven wieder auf den Grill stellen.

Die Zwiebeln im Dutch Oven scharf anbraten, bis sie Farbe annehmen. Das Fleisch wieder dazugeben, mit dem Dutch-Oven-Gewürz bestreuen und mit 1,6 l Wasser ablöschen. Den Deckel auflegen und das Ganze ca. 2 Stunden schmoren.

Reis und Knoblauch einrühren, den Deckel wieder auflegen und alles 30–45 Minuten bei mittlerer Hitze simmern, bis der Reis gar ist.

Den Dutch Oven vom Grill nehmen und die Reis-Fleisch-Mischung auf tiefen Tellern servieren.

TIPP

Das Frittieröl sollte eine Temperatur von 170–190 °C haben, bevor ihr die Fleischstücke dazugebt.

TIPP

Millionaire Rub selber machen

20 EL Zucker mit 8 EL Salz, 8 EL edelsüßem Paprikapulver, 8 EL Honigpulver, 4 EL Zwiebelpulver, 2 EL Knoblauchpulver, 2 TL Chilipulver, 4 TL getrocknetem Oregano, 4 TL gemahlenem Koriander, 4 TL gemahlenem Kurkuma, sowie 4 Muskatblüten, 1 TL gemahlenem Kreuzkümmel, 4 TL gemahlenem Pfeffer und 4 EL Speisewürze in einer Schüssel vermengen.

Einfach saumäßig lecker: Der malzig-süßliche Geschmack vom Bier und die herbe Säure der Cola passen perfekt zu saftigem Rindernacken.

Pulled Beef mit Malzbier

ZEITBEDARF

15 Minuten vorbereiten
3-4 Stunden grillen

EQUIPMENT

Dutch Oven, Größe 6 oder 9

ZUTATEN FÜR 6 PERSONEN

3 Gemüsezwiebeln
750 g Cherrytomaten
2 kg Rindernacken
6 EL *Klaus grillt »Millionaire Rub«* (siehe Tipp)
500 ml Malzbier
500 ml Cola
100 ml Ketchup

Grill auf 200–220 °C vorheizen.

Die Gemüsezwiebeln schälen und grob zerkleinern, die Tomaten abbrausen und abtrocknen. Das vorbereitete Gemüse in den Dutch Oven geben. Den Rindernacken rundherum mit dem Rub würzen und auf das Gemüsebett setzen.

Malzbier und Cola seitlich in den Dutch Oven gießen, ohne das Gewürz abzuspülen. Ketchup mit 100 ml Wasser verrühren und ebenfalls seitlich zugießen. Den Deckel auflegen, den Dutch Oven auf den Grillrost stellen und das Fleisch 3–4 Stunden schmoren, bis es weich ist.

Den Dutch Oven vom Grill nehmen. Das Fleisch vorsichtig mit zwei Gabeln zu einzelnen Fasern auseinanderziehen und mit der Sauce vermengen.

TIPP

Schmeckt superlecker in Baguette mit Krautsalat!

EINTÖPFE UND SUPPEN

Großartige Nummer für jede Party - und geniales Katerfrühstück am Morgen danach.

Bratkartoffelsuppe

ZEITBEDARF
15 Minuten vorbereiten
30 Minuten grillen

EQUIPMENT
Dutch Oven, Größe 6
Stabmixer

ZUTATEN FÜR 8 PERSONEN
1 ½ kg mit Schale gegarte Kartoffeln
3 Gemüsezwiebeln
4 EL neutrales Pflanzenöl
350 g Speckwürfel
4 EL *Klaus grillt »Bratkartoffel«* (siehe Tipp)
6 Scheiben Frühstücksspeck
400 g Schlagsahne
1 l Milch

Den Dutch Oven auf den Grill stellen und auf höchste Stufe vorheizen.

Inzwischen die Kartoffeln pellen und in Scheiben schneiden. Zwiebeln schälen und würfeln.

Etwas Öl im Dutch Oven erhitzen, Zwiebeln und Speckwürfel dazugeben und ca. 10 Minuten goldbraun anschwitzen. Anschließend die Hälfte davon herausnehmen und beiseitestellen. Die Kartoffelscheiben in den Dutch Oven geben, mit Bratkartoffelgewürz abschmecken und die Kartoffeln scharf anbraten, bis sie leicht ansetzen.

Inzwischen den Frühstücksspeck separat auf dem Rost kross angrillen und auf Küchenpapier abtropfen lassen.

Sahne, Milch und 500 ml Wasser zu den Kartoffeln gießen, gut umrühren und mit einem Stabmixer je nach der gewünschten Sämigkeit pürieren. Restlichen Speck-Zwiebel-Mix einrühren und Dutch Oven vom Grill nehmen.

Suppe anrichten und mit krossem Frühstücksspeck garnieren.

TIPP

Bratkartoffelgewürz selber machen

1 TL Muskatblüte in einem Mörser leicht zerstoßen. Mit 8 EL getrockneter Petersilie, 2 TL Cayennepfeffer, 4 TL getrocknetem Liebstöckel, 24 EL geräuchertem Paprikapulver und jeweils 4 EL Knoblauchpulver, Zwiebelpulver, getrocknetem Majoran und Salz in einer Schüssel vermengen.

Kräftig, lecker und genau das Richtige für Chorizo-Junkies wie mich. Für diesen leckeren Eintopf habe ich quer das Bohnenregal abgeräumt. Je mehr unterschiedliche Bohnen ihr nehmt, desto besser!

Bud-Spencer-Bohneneintopf

ZEITBEDARF

25 Minuten vorbereiten
2 1/4 Stunden grillen

EQUIPMENT

Dutch Oven, Größe 9 oder größer

ZUTATEN FÜR 10 PERSONEN

4 EL neutrales Pflanzenöl
2 kg Chorizo
1 kg Roastbeef
4 Spitzpaprika
5 Gemüsezwiebeln
1 1/2 kg festkochende Kartoffeln
200 g Kichererbsen (Dose)
200 g Kidneybohnen (Dose)
200 g weiße Bohnen (Dose)
200 g Wachtelbohnen (Dose)
200 g Baked Beans (Dose)
200 g Chilibohnen (Dose)
200 ml Mineralwasser
4 EL *Klaus grillt »Dutch Oven Zauber«* (siehe Seite 22)
Baguette nach Belieben

Den Dutch Oven auf den Grill stellen und mit dem Öl auf höchste Stufe vorheizen.

Inzwischen die Chorizo in Scheiben und das Roastbeef in mundgerechte Stücke schneiden. Spitzpaprika abbrausen, abtrocknen, entkernen und in mundgerechte Stücke schneiden. Zwiebeln schälen und würfeln. Kartoffeln schälen und in mundgerechte Stücke schneiden. Kichererbsen, Kidneybohnen, weiße Bohnen und Wachtelbohnen in einem Sieb abbrausen und abtropfen lassen.

Das Roastbeef im Dutch Oven rundherum scharf anbraten. Die Zwiebeln dazugeben und glasig dünsten. Nach und nach Chorizo, Kartoffeln, Paprika und alle Bohnensorten zufügen, Mineralwasser zugießen und gut umrühren. Mit dem Dutch-Oven-Gewürz abschmecken.

Die Fleisch-Bohnen-Mischung nochmals gut durchrühren, den Deckel auflegen und den Grill auf ca. 200 °C heruntersetzen. Anschließend das Ganze ca. 2 Stunden schmoren.

Den Dutch Oven vom Grill nehmen, den Eintopf in Bowls füllen und mit Baguette servieren.

Schmeckt original wie aus der Gulaschkanone. Schöne Nummer, tolle Konsistenz und ein würziger Geschmack – auch super für alle Besitzer eines Kazans!

Bundeswehr-Erbsensuppe

ZEITBEDARF

30 Minuten vorbereiten

70 Minuten grillen

ZUTATEN FÜR 4 PERSONEN

200 g festkochende Kartoffeln

2 Zwiebeln

3 Möhren

120 g Knollensellerie

1 Stange Lauch

4 EL neutrales Pflanzenöl

160 g Speckwürfel

1,4 l Gemüsebrühe

400 g TK-Erbsen

2 Knackwürste

2 Bockwürste

1 EL getrockneter Majoran

1 EL *Klaus grillt »Magic Spice«* (siehe Tipp)

Den Dutch Oven auf den Grill stellen und auf höchste Stufe vorheizen.

Inzwischen Kartoffeln, Zwiebeln und Möhren schälen und würfeln. Den Knollensellerie ebenfalls schälen, in Scheiben schneiden und anschließend würfeln. Lauch in feine Ringe schneiden, dann abbrausen und abtropfen lassen.

Das Öl im Dutch Oven erhitzen. Die Speckwürfel darin rundherum scharf anbraten. Zwiebeln dazugeben und glasig dünsten. Anschließend Möhren und Sellerie dazu geben, kurz mitbraten und langsam mit Brühe aufgießen. Kartoffeln, Erbsen und Lauch einrühren, den Deckel auflegen und den Grill auf mittlere Hitze herunterregeln. Den Eintopf ca. 45 Minuten garen.

Die Würste in Scheiben schneiden und zur Suppe geben. Mit Majoran und Magic Spice abschmecken und nochmal gut umrühren. Weitere 15 Minuten ohne Deckel einkochen und gelegentlich durchrühren.

Den Dutch Oven vom Grill nehmen und die Suppe in tiefen Tellern servieren.

TIPP

Magic-Spice-Gewürz selber machen

8 EL bunte Pfefferkörner und 4 TL Korianderkörner in einem Mörser leicht zerstoßen. Mit 8 EL Salz, 4 TL getrocknetem Majoran und jeweils 4 EL Chiliflocken, Knoblauchpulver und getrocknetem Thymian in einer Schüssel vermengen.

Für alle, die kein Chili con Carne mehr sehen mögen. Hier kommt nur rein, was Cowboys (und eure Gäste) mögen. Freut euch auf Baked Beans, Mais, Chili und einen zarten Schweinenacken mit ordentlich Geschmack.

Cowboytopf

ZEITBEDARF

15 Minuten vorbereiten
3 Stunden grillen

EQUIPMENT

Dutch Oven, Größe 9

ZUTATEN FÜR 8 PERSONEN

2 kg Schweinenacken
4 Gemüsezwiebeln
500 g Mais (Dose)
2 Chilischoten
100 g *Klaus grillt »Magic Dust Rub«* (siehe Tipp)
1,2 kg Baked Beans (Dose)
Baguette nach Belieben

Grill auf 200 °C vorheizen.

Inzwischen den Schweinenacken in große, aber noch mundgerechte Stücke schneiden. Zwiebeln schälen und in feine Ringe schneiden. Mais in einem Sieb abbrausen und abtropfen lassen. Chilis abbrausen, abtrocknen, entkernen und in Ringe schneiden.

Das Fleisch mit der Gewürzmischung einreiben und gut durchkneten, dann in den Dutch Oven geben. Zwiebeln dazugeben und nochmals gut vermengen. Mais, Chilischoten und 100 ml Wasser dazugeben. Den Deckel auflegen, den Dutch Oven auf den Grill stellen und den Eintopf ca. 2 ½ Stunden grillen.

Die Bohnen vorsichtig einrühren, den Deckel wieder auflegen und weitere 30 Minuten schmoren.

Den Dutch Oven vom Grill nehmen und den Eintopf in tiefen Tellern mit Baguette servieren.

TIPP

Magic Dust Rub selber machen

3 EL feines Meersalz mit 6 EL Paprikapulver, 6 EL braunem Zucker, 1 EL Zwiebelpulver, 1 EL Knoblauchpulver, 1 EL grob gemahlenem Pfeffer, 2 TL Piment, 1 TL Zimt und 1 TL Muskat in einer Schüssel vermengen.

Grillpfeffer selber machen

Jeweils 8 TL schwarze, rosa, grüne und weiße Pfefferkörner mit 1 Muskatblüte in einem Mörser leicht zerstoßen. Anschließend mit 8 TL Salz, 1 TL edelsüßem Paprikapulver, 2 TL Knoblauchpulver und 2 TL Zwiebelpulver in einer Schüssel vermengen.

Eine Roulade lebt von ihren Röstaromen, deshalb ist dieses Grillgericht nichts für Zimperliche. Macht den Zutaten ordentlich Feuer unterm Hintern!

Grillrouladen-Topf

ZEITBEDARF

30 Minuten vorbereiten
2 ⅔ Stunden grillen

ZUTATEN FÜR 4 PERSONEN

700 g Zwiebeln
100 g Gewürzgurken (Glas)
1 Bund Suppengrün
4 EL neutrales Pflanzenöl
800 g Rouladen
2 EL *Klaus grillt* *»Grillpfeffer«* (siehe Tipp)
80 g Tomatenmark
2 EL *Klaus grillt* *»Dutch Oven Zauber«* (siehe Seite 22)
40 ml Senf
40 ml Portwein
100 g Speckwürfel
800 ml Rinder- oder Gemüsebrühe

TIPP

Verwendet qualitativ hochwertiges Rouladenfleisch, am besten aus der Oberschale vom Rind.

Grill inklusive Seiten- oder Infrarotbrenner auf höchste Stufe vorheizen.

Inzwischen die Zwiebeln schälen und fein würfeln, die Gurken in einem Sieb abtropfen lassen und ebenfalls würfeln. Suppengrün abbrausen, Möhren und Knollensellerie schälen und würfeln. Den Lauch in Ringe schneiden, dann gründlich waschen und abtropfen lassen.

Den Dutch Oven auf den Grill stellen und das Öl darin erhitzen. Zwiebeln, Möhren, Sellerie und Lauch zugeben und ca. 20 Minuten scharf angrillen. Gelegentlich umrühren. Inzwischen die Rouladen in die direkte Hitze des Grills legen, von beiden Seiten scharf angrillen (nicht durchgaren!) und vom Grill nehmen. Das Fleisch in Scheiben schneiden und mit dem Grillpfeffer würzen.

Tomatenmark in den Dutch Oven geben und für 10 Minuten mitbraten. Dutch-Oven-Gewürz dazugeben und gut umrühren. Anschließend Senf, Portwein, Speckwürfel und Gurken einrühren. Die Brühe zugießen.

Zum Schluss das Rouladenfleisch einrühren, den Deckel auflegen und den Grill auf ca. 200 °C heruntersetzen. Anschließend den Eintopf ca. 2 Stunden köcheln lassen. Bei Bedarf etwas Wasser zugießen.

Den Eintopf gründlich umrühren, vom Grill nehmen und in tiefen Tellern servieren.

Diese Suppe ist Partyalarm pur! Schon beim ersten Löffel will ich gleich die Musik lauter drehen, mir ein kühles Bierchen auf den Tisch stellen und einfach nur genießen.

Gyrossuppe

ZEITBEDARF

30 Minuten vorbereiten
90 Minuten grillen

EQUIPMENT

Plancha

ZUTATEN FÜR 4 PERSONEN

4 EL neutrales Pflanzenöl
1,6 kg Schweinenacken
4 Zwiebeln
3 rote Paprikaschoten
3 gelbe Paprikaschoten
100 g Mais (Dose)
500 g Sauerkraut
1 1/2 l Gemüsebrühe
300 g Schmelzkäse
600 g Schlagsahne
4 EL *Klaus grillt »Gyrosgewürz«* (siehe Tipp)

Grill inklusive Seiten- oder Infrarotbrenner auf höchste Stufe vorheizen.

Eine Plancha auf den Grill stellen und mit 2 EL Öl einfetten. Den Dutch Oven auf den Infrarotbrenner/Seitenkocher stellen und das restliche Öl darin erhitzen.

Den Schweinenacken in mundgerechte Stücke schneiden. Die Zwiebeln schälen und in feine Ringe schneiden. Paprikas abbrausen, abtrocknen, entkernen und fein würfeln. Den Mais in einem Sieb abbrausen und abtropfen lassen.

Den Schweinenacken auf der Plancha rundherum 3–4 Minuten scharf angrillen, dann vom Grill nehmen. Inzwischen die Zwiebeln im Dutch Oven glasig dünsten. Paprika dazugeben und scharf angrillen.

Schweinenacken, Mais, Sauerkraut, Gemüsebrühe, Schmelzkäse und Sahne in den Dutch Oven geben, alles verrühren und mit dem Gyrosgewürz abschmecken. Den Deckel auflegen und die Suppe ca. 90 Minuten schmoren.

Den Dutch Oven vom Grill nehmen und Suppe in tiefen Tellern servieren.

TIPP

Gyrosgewürz selber machen

6 EL gemahlenen Pfeffer mit 8 EL Salz, 12 EL Paprikapulver, 2 TL Cayennepfeffer, 4 TL getrocknetem Rosmarin und jeweils 4 EL Zwiebelpulver, getrocknetem Thymian, Senfpulver (Senfmehl) und Knoblauchpulver in einer Schüssel vermengen.

CUM ORNATUS EXPETENDI
QUEM DELICATISSIMI IUS

Wurst ist ja generell mehr meins als Suppe, aber diese Nummer hier ist einfach enorm lecker. Geniale Flüssigkeitsergänzung zum Bier!

Käsesuppe

ZEITBEDARF
15 Minuten vorbereiten
50 Minuten grillen

ZUTATEN FÜR 4 PERSONEN
4 EL neutrales Pflanzenöl
2 Zwiebeln
3 Stangen Lauch
500 g frische Champignons
1 kg Hackfleisch, gemischt
2 EL *Klaus grillt* *»Dutch Oven Zauber«* (siehe Seite 22)
1,2 l Gemüsebrühe
300 g Schmelzkäse

Grill auf mittlere Stufe vorheizen, den Dutch Oven auf den Grill stellen und das Öl darin erhitzen.

Inzwischen die Zwiebeln schälen und fein würfeln. Lauch in feine Ringe schneiden, dann abbrausen und abtropfen lassen. Die Champignons gegebenenfalls putzen und vierteln.

Die Zwiebeln im Dutch Oven glasig dünsten. Das Hackfleisch dazugeben und ca. 6 Minuten kräftig anbraten. Dutch-Oven-Gewürz dazugeben, mit Gemüsebrühe ablöschen und einmal aufkochen lassen.

Den Schmelzkäse unterrühren, Lauch und Champignons dazugeben. Die Suppe noch einmal aufkochen lassen. Anschließend den Dutch Oven vom Grill nehmen, den Deckel auflegen und die Suppe ca. 30 Minuten ziehen lassen.

Rustikal und ohne viel Schnickschnack, dafür mit einer Extraportion Fleisch. Diese Suppe macht einfach jeden satt!

NVA-Linsensuppe

ZEITBEDARF

20 Minuten vorbereiten
2 ½ Stunden grillen

ZUTATEN FÜR 4 PERSONEN

1,6 kg Kasseler Rippchen (gepökelt und geräuchert)
2 Möhren
80 g Knollensellerie
2 rote Zwiebeln
150 g festkochende Kartoffeln
3 EL körnige Gemüsebrühe
675 g grüne Linsen, getrocknet
4 Bockwürste

Grill auf 220 °C vorheizen.

Inzwischen 1 Liter Wasser in den Dutch Oven gießen und die Rippchen hineinlegen. Möhren, Knollensellerie, Zwiebeln und Kartoffeln schälen und würfeln.

Das vorbereitete Gemüse in den Dutch Oven geben und den Deckel auflegen. Den Dutch Oven auf den Grill stellen und die Suppe ca. 2 Stunden garen.

Die Rippchen herausnehmen, 2 Liter Wasser in den Dutch Oven gießen und die körnige Gemüsebrühe einrühren. Die Linsen dazugeben, den Deckel auflegen und den Grill auf 300 °C heizen. Dutch Oven für weitere 10–12 Minuten garen.

Inzwischen die Knochen aus den Rippchen ziehen, eventuell Knorpel entfernen und das Fleisch zerzupfen. Anschließend in den Dutch Oven geben, Deckel auflegen und weitere 5 Minuten erhitzen.

Den Dutch Oven vom Grill nehmen, die Bockwürste in einem Kreis auf die Suppe legen, Deckel auflegen und die Suppe 10 Minuten nachziehen lassen.

Die Linsensuppe in tiefen Tellern mit der Bockwurst servieren.

Bei diesem Klassiker erwartet euch ein buntes Potpourri aus butterweichem Fleisch, leckerem Gemüse und herrlich schlotzig-würziger Sauce.

Pfundstopf

ZEITBEDARF
40 Minuten vorbereiten
3 Stunden grillen

EQUIPMENT
Dutch Oven, Größe 12

ZUTATEN FÜR 20 PERSONEN
500 g Kassler
500 g Bierschinken
500 g Gulasch vom Rind
500 g Gulasch vom Schwein
500 g Spitzpaprika
500 g Zwiebeln
500 g Kichererbsen (Dose)
500 g Champignons (Dose)
4 EL neutrales Pflanzenöl
500 ml *Klaus grillt »Western Sauce«*
500 ml passierte Tomaten
2 EL *Klaus grillt »Dutch Oven Zauber«* (siehe Seite 22)
500 g Hackfleisch, gemischt
500 g Schlagsahne

Den Dutch Oven auf den Grill stellen und auf höchste Stufe vorheizen.

Inzwischen Kassler, Bierschinken und beide Gulaschsorten in mundgerechte Stücke schneiden. Spitzpaprika abbrausen, abtrocknen, entkernen und würfeln. Die Zwiebeln schälen und würfeln. Kichererbsen und Champignons in einem Sieb abbrausen und abtropfen lassen.

Das Öl im Dutch Oven erhitzen. Beide Gulaschsorten darin rundherum scharf anbraten. Paprika, Zwiebeln, Kassler und Bierschinken dazugeben und gut umrühren, Champignons und Kichererbsen darüber verteilen. Western Sauce, passierte Tomaten und ca. 500 ml Wasser dazugießen. Dutch-Oven-Gewürz einrühren und aus dem Hackfleisch kleine Bällchen formen.

Grill auf ca. 200 °C heruntersetzen. Die Hackbällchen oben im Dutch Oven verteilen und den Deckel auflegen. Den Eintopf ca. 3 Stunden schmoren und alle 30 Minuten den Flüssigkeitsstand kontrollieren, gegebenenfalls Wasser zugießen.

Den Dutch Oven vom Grill nehmen, die Sahne einrühren, kurz ziehen lassen, bis die Sahne durcherhitzt ist, und den Eintopf in tiefen Tellern servieren.

Ein richtiger Klassiker aus der ostdeutschen Küche, der in meiner Dutch-Oven-Sammlung auf keinen Fall fehlen darf! Ich liebe den süß-säuerlichen Geschmack der Soljanka. Ein schön kräftiger Eintopf mit einer ordentlichen Proteineinlage für Männer - und Frauen.

Soljanka

ZEITBEDARF

20 Minuten vorbereiten
2 1/4 Stunden grillen

ZUTATEN FÜR 4 PERSONEN

2 Zwiebeln
200 g Salami
160 g Kassler
200 g Bierschinken
2 Knoblauchzehen
100 g Paprika (Glas)
2 Gewürzgurken plus 250 ml Lake (Glas)
80 g Speckwürfel
2 EL Tomatenmark
4 EL Zucker
200 g saure Sahne zum Servieren

Den Dutch Oven auf den Grill stellen und auf mittlere Stufe vorheizen.

Inzwischen die Zwiebeln schälen und in feine Ringe schneiden. Salami, Kassler und Bierschinken jeweils würfeln. Die Knoblauchzehen schälen und fein hacken, eingelegte Paprika in Streifen schneiden und die Gewürzgurken würfeln.

Die Speckwürfel im Dutch Oven rundherum anbraten, Zwiebeln, Bierschinken, Salami und Kassler dazugeben und ca. 10 Minuten scharf anbraten.

Tomatenmark, Zucker und Knoblauch unterrühren und 2–3 Minuten mitbraten, anschließend mit Lake und 2 Liter Wasser ablöschen. Gurken und Paprika dazugeben und den Deckel auflegen. Das Ganze ca. 2 Stunden köcheln lassen, gelegentlich umrühren und bei Bedarf etwas Wasser nachgießen.

Anschließend vom Grill nehmen, die Soljanka in tiefe Teller füllen und jede Portion nach Belieben mit einem Klecks saurer Sahne garnieren.

Für dieses typische Partyrezept nehme ich am liebsten Putenbrust, gemischtes Hack, einen Schuss Espresso und etwas Zitronenabrieb.

Chili con Carne

ZEITBEDARF

15 Minuten vorbereiten
30 Minuten grillen

ZUTATEN FÜR 4 PERSONEN

4 Zwiebeln
1 Knoblauchzehe
400 g Putenbrust
Pflanzenöl zum Anbraten
1 EL Tomatenmark
500 g Hackfleisch, gemischt
200 ml Rotwein
80 ml Espresso
1,6 kg stückige Tomaten (Dose)
1 Dose Kidneybohnen (Abtropfgewicht 530 g)
1 Dose Mais (Abtropfgewicht 140 g)
1 TL Zucker
2 EL *Klaus grillt* »*Tex Mex*« (siehe Tipp)
Abrieb von 1 Bio-Zitrone
Brot zum Servieren

Den Dutch Oven auf den Grill stellen und auf mittlere Hitze vorheizen.

In der Zwischenzeit Zwiebeln und Knoblauch schälen und fein hacken. Putenbrust abtupfen und in Streifen schneiden.

Die Zwiebeln mit etwas Öl im Dutch Oven glasig dünsten. Knoblauch und Tomatenmark dazugeben und kurz mitbraten. Putenbruststreifen und Hackfleisch dazugeben und unter gelegentlichem Rühren anbräunen lassen.

Mit Rotwein und Espresso ablöschen. Die stückigen Tomaten dazugeben. Kidneybohnen und Mais in einem Sieb abbrausen und unterheben. Mit Zucker, Tex-Mex-Gewürz und Zitronenabrieb abschmecken und 10 weitere Minuten köcheln lassen.

Den Dutch Oven vom Grill nehmen und das Chili mit Brot servieren.

TIPP

Tex-Mex-Gewürz selber machen

12 EL edelsüßes Paprikapulver mit 16 EL gemahlenem Kreuzkümmel, 8 EL Zucker, 8 EL Meersalz, 4 EL Knoblauchpulver, 4 EL Zwiebelpulver, 4 EL Cayennepfeffer und 4 EL getrocknetem Oregano in einer Schüssel vermengen.

SOLINGEN
GERMANY
HEISO
est. 1870

SCHWEINE-FLEISCH

Was tun mit verwachsenen Rippchen, aus denen einem schon der Knorpel entgegengrinst? Cola-Kirsch-Ribs natürlich! Zum Sauce-Aufditschen schön Baguette dazu servieren und fertig ist die Nummer.

Cola-Kirsch-Ribs

ZEITBEDARF

10 Minuten vorbereiten
3 Stunden grillen

ZUTATEN FÜR 4 PERSONEN

4 kg Rippchen (Leiterchen oder Spareribs)
2 EL *Klaus grillt »Dutch Oven Zauber«* (siehe Seite 22)
400 ml *Klaus grillt »BBQ Sauce Sweet«*
1 l Cola
1 Glas Sauerkirschen mit Saft (à 400 g)
Baguette zum Servieren

Grill auf höchste Stufe vorheizen.

Inzwischen die Rippchen jeweils nach 2–3 Knochen durchschneiden und auf dem Grillrost von beiden Seiten scharf angrillen.

Die Rippchen in den Dutch Oven legen, mit Dutch-Oven-Gewürz bestreuen und mit den übrigen Zutaten gut vermengen. Den Deckel auflegen, den Dutch Oven in die indirekte Hitze vom Grill stellen und bei 200 °C ca. 3 Stunden schmoren. Bei Bedarf zwischendurch etwas Wasser nachgießen.

Den Dutch Oven vom Grill nehmen und die Rippchen mit Sauce und Baguette servieren.

TIPP

Russisch eingelegte Tomaten werden in einem pikanten Gewürzsud mit Essig, Peperoni, Lorbeerblättern, Knoblauch und Dill eingelegt. Das verleiht ihnen einen besonderen Geschmack. Ihr kriegt sie in gut sortierten Supermärkten.

Pikant gewürzt und mit einer geheimen Zutat aus dem Nadelwald – unbedingt mal ausprobieren!

Eisbein russische Art

ZEITBEDARF
10 Minuten vorbereiten
3 1/3 Stunden grillen

ZUTATEN FÜR 4 PERSONEN
4 l Gemüsebrühe
4 frische Tannentriebspitzen
4 kleine Eisbeine
1 Glas eingelegte russische Tomaten mit Sud (à 360 g)
1 Glas scharf eingelegte russische Tomaten mit Sud (à 360 g)
Kartoffelpüree als Beilage

Grill auf 200–220 °C vorheizen.

Inzwischen heiße Gemüsebrühe in den Dutch Oven gießen, Tannentriebspitzen dazugeben und durchziehen lassen.

Den Dutch Oven auf den Grill stellen und die Eisbeine hineingeben. Tomaten inklusive Sud einrühren, den Deckel auflegen und alles ca. 3 Stunden kochen.

Den Dutch Oven vom Grill nehmen, die Eisbeine herausnehmen und mit Sauce und Kartoffelpüree servieren.

TIPP

Ihr habt richtig gelesen – für dieses Rezept verwende ich frische Tannentriebspitzen. Das ist das helle Tannengrün, das sich im Frühjahr zeigt. Die Triebspitzen schmecken ein bisschen nach Mais mit salzig-herber Note. Passt super zum russisch angehauchten Eisbein!

Der Clou bei diesem Grillrezept? Das Pflaumenmus. Die fruchtige Süße macht diese Pulled Rippchen wirklich zu einer Sensation.

BBQ Pulled Ribs

ZEITBEDARF

20 Minuten vorbereiten
3 Stunden grillen

EQUIPMENT

Pulled-Pork-Krallen

ZUTATEN FÜR 4 PERSONEN

5 kg dicke Rippchen
3 EL *Klaus grillt »Smoky Porky«* (siehe Seite 23)
450 g Pflaumenmus
2 kg Zwiebeln
4 EL neutrales Pflanzenöl
2 EL *Klaus grillt »Dutch Oven Zauber«* (siehe Seite 22)
250 ml *Klaus grillt »Western Sauce«*

Grill auf 200–220 °C vorheizen.

Inzwischen die Knochen aus den Rippchen schneiden und das Fleisch in einem Behälter mit dem Smoky-Porky-Gewürz und dem Pflaumenmus gründlich vermengen. Die Zwiebeln schälen und in feine Ringe schneiden.

Den Dutch Oven mit dem Öl einfetten und abwechselnd Zwiebeln und Rippchen darin schichten. Mit Dutch-Oven-Gewürz bestreuen und die Western Sauce dazugeben. Den Dutch Oven in die indirekte Hitze des Grills stellen, den Deckel auflegen und das Ganze ca. 3 Stunden schmoren. Bei Bedarf zwischendurch etwas Wasser nachgießen.

Den Dutch Oven vom Grill nehmen, das Fleisch mit den Pulled-Pork-Krallen zerzupfen und gründlich mit der Zwiebelsauce vermengen. Anschließend auf Teller verteilen und servieren.

Heute wird gewurstet! Das leckere Brät ist nicht nur im Süden von Deutschland sehr beliebt, und so einfach zuzubereiten, dass ich euch dieses Rezept für den Grill nicht vorenthalten will.

Selbst gemachter Fleischkäse

ZEITBEDARF
20 Minuten vorbereiten
1 Stunde grillen

EQUIPMENT
Fleischwolf
Küchenmaschine oder Hochleistungsmixer
Dutch Oven in Kastenform

ZUTATEN FÜR 4 PERSONEN
400 g Schweinenacken
400 g Roastbeef
800 g Schweinebauch ohne Schwarte
2 150-g-Beutel *Klaus grillt »Wiener Spezial«*
30 g Pökelsalz
4 EL neutrales Pflanzenöl
400 g Eiswürfel

Grill auf 200–220 °C vorheizen.

Inzwischen Schweinenacken, Roastbeef und Schweinebauch in längliche Streifen schneiden. Eventuell vorhandene Knorpelstücke entfernen. Das Fleisch mit der Gewürzmischung und dem Pökelsalz gut vermengen. Den Dutch Oven mit dem Öl einfetten.

Die Fleischsorten gemischt durch den Fleischwolf drehen. Anschließend jeweils ⅓ der Eiswürfel mit ⅓ der Fleischmasse in der Küchenmaschine oder im Hochleistungsmixer so lange zerkleinern, bis das Knistern der Eiswürfel nachlässt und eine breiige Konsistenz erreicht ist. Diesen Vorgang mit dem übrigen Fleisch und den restlichen Eiswürfeln wiederholen.

Das fertige Brät im Dutch Oven verteilen, die Oberfläche glattstreichen und rautenförmige Furchen hineinziehen. Den Dutch Oven auf den Grill stellen und ca. 1 Stunde garen oder bis eine Kerntemperatur von 75 °C erreicht ist.

Den Dutch Oven vom Grill nehmen, den Fleischkäse herausheben, in Scheiben schneiden und zum Beispiel in einem Brötchen servieren.

Für mich ist diese Nummer eine perfekte Mischung aus Schichtfleisch und Pfannengyros. Perfekt, um die ganze Familie sattzumachen.

Gyros-Schichtfleisch

ZEITBEDARF
20 Minuten vorbereiten
3 3/4 Stunden grillen

ZUTATEN FÜR 4 PERSONEN
400 g Zwiebeln
2 kg Schweinenacken
4 EL *Klaus grillt* *»Gyrosgewürz«* (siehe Seite 78)
60 g Frühstücksspeck
4 EL neutrales Pflanzenöl
200 g Sahne

Grill auf 200 °C vorheizen.

Inzwischen die Zwiebeln schälen und in Ringe schneiden. Schweinenacken in ca. 1,5 cm dicke Scheiben schneiden. Alle vorbereiteten Zutaten mit dem Gyrosgewürz gründlich vermengen.

Den Dutch Oven mit Frühstücksspeck auslegen, mit etwas Öl beträufeln und die Zwiebel-Fleisch-Mischung darauf verteilen. Den Deckel auflegen, den Dutch Oven auf den Grill stellen und das Ganze ca. 3 1/2 Stunden schmoren.

Die Sahne unterrühren und die Mischung weitere 20 Minuten mit geschlossenem Deckel köcheln lassen.

Den Dutch Oven vom Grill nehmen, Schichtfleisch nach Wunsch portionieren und servieren.

Ich bin ein bekennender Kasslerfan - und außerdem ein riesiger Rippchenfan! Kein Wunder, dass diese herrliche Nummer mein Grillerherz höherschlagen lässt. Dazu gibt's sahniges Sauerkraut - natürlich alles aus einem Dopf!

One-Pot-Kassler-Spareribs

ZEITBEDARF

15 Minuten vorbereiten
2 ½ Stunden grillen

ZUTATEN FÜR 4 PERSONEN

- 2 EL *Klaus grillt »Dutch Oven Zauber«* (siehe Seite 22)
- 2 große Kartoffeln, festkochend
- 600 g Sauerkraut
- 1,2 kg Kassler-Rippchen
- 200 g Sahne

Grill auf 200 °C vorheizen.

Inzwischen 250 ml Wasser und das Dutch-Oven-Gewürz im Dutch Oven verrühren. Die Kartoffeln schälen, in mundgerechte Stücke schneiden und mit dem Sauerkraut in den Dutch Oven geben. Das Fleisch grob zerkleinern, auf dem Sauerkraut verteilen und den Deckel auflegen.

Den Dutch Oven auf den Grill stellen und das Ganze ca. 2 ½ Stunden schmoren. Bei Bedarf zwischendurch etwas Wasser nachgießen.

Den Dutch Oven vom Grill nehmen, die Rippchen herausnehmen und beiseitestellen. Die Sahne in den Dutch Oven gießen und unterrühren. Die Rippchen mit der Kartoffel-Sauerkraut-Mischung servieren.

Haxe, Fuß, Schwanz und Backe – in diesem Gericht kümmern wir uns um ein paar Fleischstücke, die üblicherweise nicht erste Wahl sind, doch wartet es ab: Nach gut 3 Stunden habt ihr einen konzentrierten Geschmack aus Liebe, Fleisch, Zwiebeln und Brühe.

Ostblocktopf

ZEITBEDARF

20 Minuten vorbereiten
3 1/4 Stunden grillen

ZUTATEN FÜR 6 PERSONEN

4 EL neutrales Pflanzenöl
8 Zwiebeln
2 EL *Klaus grillt* *»Dutch Oven Zauber«* (siehe Seite 22)
400 g Schweinefuß
1,2 kg Schweinehaxe (Eisbein)
200 g Schweineschwanz
1,2 kg Schweinebäckchen
2,4 l Gemüsebrühe
Nudeln als Beilage

Grill auf 200–220 °C vorheizen, den Dutch Oven einölen und auf den Grill stellen.

Die Zwiebeln schälen und vierteln, in den Dutch Oven geben und ca. 4 Minuten dünsten. Anschließend mit dem Dutch-Oven-Gewürz bestreuen.

Den Schweinefuß leicht einschneiden. Haxe, Fuß, Schwanz und Bäckchen in den Dutch Oven geben, Gemüsebrühe zugießen und alles ca. 3 Stunden schmoren. Bei Bedarf zwischendurch etwas Wasser nachgießen.

Den Dutch Oven vorsichtig vom Grill nehmen, Fleisch und Zwiebeln auf tiefen Tellern verteilen und mit Nudeln servieren.

TIPP

Egal welchen Rub ihr für dieses Rezept nehmt, sorgt dafür, dass es einer mit Raucharomen, z. B. durch Rauchsalz, ist. Durch das Grillen im Dutch Oven kommt bekanntlich kein Rauch an das Fleisch ran, für den entsprechenden Geschmack muss darum der Rub sorgen.

Mit einem Dutch Oven voll schmatzig-schlotzigem Pulled Pork kann man schon eine Menge Leute glücklich machen. Stellt euch auf eine richtig saftige und heftig leckere Sauerei ein!

Pulled Pork mit Bacon

ZEITBEDARF
20 Minuten vorbereiten
3 Stunden grillen

EQUIPMENT
Dutch Oven, Größe 5 oder 6
Grillthermometer
Pulled-Pork-Krallen

ZUTATEN FÜR 4 PERSONEN
4 EL neutrales Pflanzenöl
8 Streifen Frühstücksspeck
2 Gemüsezwiebeln
2 1/2 kg Schweineschulter
8 EL *Klaus grillt* *»Sweet Bloody Melly«* (siehe Tipp)
2 Knoblauchzehen
120 g Kirschtomaten
100 ml *Klaus grillt* *»BBQ Sauce Sweet«*

Grill auf 200–220 °C vorheizen.

Inzwischen den Dutch Oven einfetten und mit Speck auslegen. Die Zwiebeln schälen, in Ringe schneiden und ein Drittel davon im Dutch Oven auslegen. Schweineschulter darauf verteilen und mit dem Rub würzen.

Den Knoblauch schälen, in Scheiben schneiden und zusammen mit den Kirschtomaten um die Schulter legen. Grillsauce ebenfalls um die Schulter herum gießen, die restlichen Zwiebeln auf dem Fleisch verteilen und den Deckel auflegen.

Den Dutch Oven auf den Grill stellen und das Ganze ca. 3 Stunden schmoren oder bis zu einer Fleisch-Kerntemperatur von 92 °C.

Den Dutch Oven vom Grill nehmen, das Fleisch mit den Pulled-Pork-Krallen vom Knochen lösen und servieren.

TIPP

Sweet-Bloody-Melly-Rub selber machen

Ihr habt richtig gelesen – für dieses Rezept verwende ich frische Tannentriebspitzen. Das ist das helle Tannengrün, das sich im Frühjahr zeigt. Die Triebspitzen schmecken ein bisschen nach Mais mit salzig-herber Note. Passt super zum russisch angehauchten Eisbein!

1 TL Muskatblüte in einem Mörser grob zerstoßen und mit 4 TL Rauchsalz, 12 EL Honigpulver, 8 TL getrocknetem Liebstöckel und jeweils 4 EL Rohrzucker, getrocknete Rote Bete, Meersalz, Zwiebelpulver und Knoblauchpulver in einer Schüssel vermengen.

Allein beim Lesen des Rezepttitels läuft mir schon das Wasser im Mund zusammen. Herrlich unkompliziert aus dem Dutch Oven – eine schöne Nummer für die ganze Familie.

Schäufele mit Speckknödeln

ZEITBEDARF
25 Minuten vorbereiten
2 1/4 Stunden grillen

EQUIPMENT
Küchenbrenner

ZUTATEN FÜR 4 PERSONEN
5 Zwiebeln
3 Knoblauchzehen
12 Tomaten
1,6 kg Schaufelstück
4 EL *Klaus grillt »BBQ Salz grob«*
4 Scheiben Frühstücksspeck
6 EL *Klaus grillt »Sweet Bloody Melly«* (siehe Seite 107)
100 ml *Klaus grillt »BBQ Sauce«*
12 Speckknödel als Beilage

Grill auf mittlere Stufe vorheizen.

Inzwischen Zwiebeln und Knoblauch schälen, Zwiebeln vierteln und Knoblauch in Scheiben schneiden. Die Tomaten abbrausen, abtrocknen und vierteln. Die Schwarte vom Schaufelstück leicht mit einem Messer einschneiden und mit dem BBQ-Salz grob einreiben.

Den Dutch Oven mit Frühstücksspeck auslegen, das Schaufelstück rundum mit dem Rub würzen und in den Dutch Oven geben. Tomaten, Zwiebeln und Knoblauch darum herum verteilen. Die Grillsauce und 100 ml Wasser seitlich zugießen, damit die Gewürzmischung nicht abgespült wird. Den Deckel auflegen und den Dutch Oven auf den Grill stellen. Das Ganze 2 Stunden schmoren.

Die Speckknödel mit in den Dutch Oven geben und weitere 15 Minuten garen.

Nach Wunsch die Kruste vom Schaufelstück mit einem Küchenbrenner anrösten, das Fleisch in Scheiben schneiden und mit Knödeln und der Sauce servieren.

Schmeckt ein bisschen wie Chili con Carne, bloß als Schichtfleisch – unbedingt ausprobieren!

Schichtfleisch Mexiko

ZEITBEDARF

30 Minuten vorbereiten
3 Stunden grillen

ZUTATEN FÜR 8 PERSONEN

3 Gemüsezwiebeln
2 ½ kg Schweinenacken
200 g Mais (Dose)
200 g Kidneybohnen (Dose)
3 Spitzpaprika
75 g *Klaus grillt »Tex Mex«* (siehe Seite 89)
75 g Frühstücksspeck in Scheiben

Grill auf 200 °C vorheizen.

Inzwischen die Zwiebeln schälen und in dicke Ringe schneiden. Den Schweinenacken in Scheiben schneiden.

Mais und Kidneybohnen in einem Sieb abbrausen und abtropfen lassen. Paprika abbrausen, abtrocknen, entkernen und mit einem Stabmixer fein pürieren. Paprikapüree mit Tex-Mex-Gewürz vermengen und über das Schweinefleisch geben. Alles für ca. 4 Minuten gut durchkneten.

Den Dutch Oven mit Frühstücksspeck auslegen. Anschließend Fleisch, Zwiebeln, Mais und Kidneybohnen im Wechsel schichten und den Deckel auflegen. Den Dutch Oven auf den Grill stellen und das Ganze ca. 3 Stunden schmoren. Bei Bedarf zwischendurch etwas Wasser nachgießen.

Den Dutch Oven vom Grill nehmen, Schichtfleisch auf Tellern verteilen und servieren.

Hier handelt es sich um eine Abwandlung vom klassischen Schichtfleisch, mit Kasslernacken (gepökelt und angeräuchert) statt Schweinenacken. Dadurch erhält das Schichtfleisch auch im Dutch Oven ein rauchiges Aroma - ich sage nur: rein in die hohle Birne!

Schichtkassler

ZEITBEDARF

15 Minuten vorbereiten
3 Stunden grillen

ZUTATEN FÜR 8–10 PERSONEN

5 Gemüsezwiebeln
3 1/2 kg Kasslerbraten
1 1/2 kg Sauerkraut
250 ml *Klaus grillt »BBQ Sauce Sweet«*

Grill auf 200 °C vorheizen.

Inzwischen die Zwiebeln schälen und in dicke Ringe schneiden. Kasslerbraten in gleichmäßige Scheiben schneiden und abwechselnd mit den Zwiebeln und dem Sauerkraut im Dutch Oven schichten. Die Grillsauce darüber verteilen und den Deckel auflegen.

Den Dutch Oven auf den Grill stellen und das Ganze ca. 3 Stunden schmoren. Bei Bedarf zwischendurch etwas Wasser nachgießen.

Den Dutch Oven vom Grill nehmen und das Kassler mit Sauerkraut und Zwiebeln servieren.

TIPP

Old School Griller – Kräuter selber machen

24 TL edelsüßes Paprikapulver mit 12 TL Knoblauchpulver, 12 TL Zwiebelpulver, 8 TL getrocknetem Liebstöckel, 6 EL getrocknetem Thymian, 6 EL Salz, 4 TL getrocknetem Estragon, 4 EL getrockneter Petersilie, 4 EL getrocknetem Rosmarin, 4 EL getrocknetem Oregano, 4 EL Tomatenpulver und 4 EL getrocknetem Majoran in einer Schüssel vermengen.

Das hier ist kein fades Kartoffel-Rippchen-Gericht, sondern schmeckt durch die Säure der Zitronen unglaublich frisch und leicht.

Tatarenrippchen

ZEITBEDARF

30 Minuten vorbereiten

1 3/4 Stunden grillen

ZUTATEN FÜR 4 PERSONEN

1–2 l Frittieröl
2 Zitronen
2 kg Kartoffeln
2 Zwiebeln
1,6 kg Rippchen
2 EL *Klaus grillt »Old School Griller – Kräuter«* (siehe Tipp)
4 EL *Klaus grillt »Bratkartoffel«* (siehe Seite 69)
800 ml Gemüsebrühe
Petersilie zum Servieren

Den Dutch Oven mit dem Öl auf den Grill stellen und auf 180 °C vorheizen.

Inzwischen die Zitronen halbieren und die Kartoffeln schälen. Die Zwiebeln schälen und würfeln. Die Silberhaut von den Rippchen abziehen und das Fleisch in einzelne Rippenstreifen schneiden.

Die Rippchen portionsweise im heißen Dutch Oven so lange frittieren, bis sie eine schöne Bräunung bekommen haben, dann mit einer Schaumkelle herausheben. Die Kartoffeln portionsweise im Öl goldbraun frittieren, dann ebenfalls herausheben.

Die Rippchen mit dem Old-School-Griller würzen und beiseitestellen. Die Kartoffeln mit dem Bratkartoffelgewürz bestreuen.

Das Öl fast vollständig aus dem Dutch Oven abgießen und die Zwiebeln und Zitronen darin scharf angrillen. Mit der Gemüsebrühe ablöschen. Kartoffeln und Rippchen wieder dazugeben. Den Deckel auflegen und das Ganze ca. 1 ½ Stunden schmoren.

Den Dutch Oven vom Grill nehmen, die Zitronen entfernen und die Rippchen mit Kartoffeln und Zwiebeln servieren. Nach Belieben mit Petersilie garnieren.

Diese Nummer ist definitiv kein Fehler, sondern Feature. Lasst euch überraschen!

Imbissbudentopf

ZEITBEDARF
20 Minuten vorbereiten
100 Minuten grillen

ZUTATEN FÜR 4 PERSONEN
2 Zwiebeln
2 Paprikaschoten
1,6 kg Schweinenacken
4 EL neutrales Pflanzenöl
4 EL *Klaus grillt »Old School Griller – Paprika«* (siehe Tipp)
560 g passierte Tomaten
400 ml Ketchup
2 EL Worcestersauce
Brötchen zum Servieren

Grill auf mittlere Stufe vorheizen.

Inzwischen die Zwiebeln schälen und vierteln. Paprika abbrausen, abtrocknen, halbieren und entkernen. Den Schweinenacken in zwei Finger große Streifen schneiden, dann mit Öl und dem Paprikagewürz gründlich durchkneten.

Zwiebeln und Paprika direkt auf dem Rost von beiden Seiten scharf angrillen.

Das Fleisch in die direkte Hitze legen und scharf angrillen, anschließend Zwiebeln und Fleisch im Dutch Oven verteilen.

Die Paprikahälften vom Grill nehmen, die verbrannte Haut abziehen und die Paprika ebenfalls in den Dutch Oven geben.

Tomaten, Ketchup und Worcestersauce einrühren und den Deckel auflegen. Den Dutch Oven auf den 200 °C heißen Grill stellen und alles ca. 90 Minuten schmoren.

Den Dutch Oven vom Grill nehmen, Imbissbudentopf auf tiefen Tellern verteilen und mit Brötchen servieren.

TIPP

Old School Griller – Paprika selber machen

24 EL edelsüßes Paprikapulver mit 1 TL gemahlener Muskatnuss, 2 TL Cayennepfeffer, 2 TL getrocknetem Liebstöckel, 4 TL getrocknetem Majoran, 6 EL Salz, 8 EL getrockneter Petersilie, 8 TL Knoblauchpulver und 8 TL Zwiebelpulver vermengen.

So rustikal und einfach war Festtagsküche noch nie! Der Brandenburger Knochentopf kann es locker mit dem Ossobuco beim Italiener aufnehmen. Dutch-Oven-Essen, das glücklich macht.

Brandenburger Knochentopf

ZEITBEDARF

30 Minuten vorbereiten
3 Stunden grillen

ZUTATEN FÜR 4 PERSONEN

2 Spitzpaprika
400 g Tomaten
6 Zwiebeln
1 kg Rippchen
500 g Ochsenschwanz
6 EL *Klaus grillt »Old School Griller – Paprika«* (siehe Seite 116)
1 Tasse Kaffee
Bandnudeln als Beilage

Grill auf mittlere Stufe vorheizen.

Inzwischen Paprika und Tomaten abbrausen und abtrocknen. Paprika vierteln und entkernen, Zwiebeln schälen und vierteln.

Das vorbereitete Gemüse im Dutch Oven vermengen. Rippchen und Ochsenschwanz in gleichgroße Stücke schneiden und auf dem Gemüse verteilen. Mit der Gewürzmischung bestreuen, 500 ml Wasser und Kaffee seitlich zugießen, damit das Gewürz nicht abgespült wird. Mit einer Grillzange alles nach unten drücken. Den Deckel auflegen, den Dutch Oven auf den Grill stellen und alles ca. 3 Stunden schmoren. Alle 30 Minuten den Wasserstand kontrollieren und einmal umrühren.

Den Dutch Oven vom Grill nehmen, Fleisch, Gemüse und Sauce auf tiefe Tellern verteilen und mit Bandnudeln servieren.

TIPP

Ich habe noch einen super Trick für euch. Kaffee ist voll mit Röstaromen – genau die fehlen in vielen Dutch-Oven-Gerichten. Deshalb kann etwas Kaffee hier nicht schaden. Im fertigen Knochentopf werdet ihr das Kaffeearoma eher als geröstetes Fleisch wahrnehmen. Genial, oder?

Hier kommt mal eine völlig andere Nummer mit Schweinefleisch. Geschmacklich würde ich diesen ostfriesischen Klassiker irgendwo zwischen einem weihnachtlichen Braten und Gulasch verorten. Einfach superlecker – vielleicht tatsächlich etwas für die Weihnachtsfeiertage?

Snirtjebraten

ZEITBEDARF

15 Minuten vorbereiten
3 Stunden grillen

ZUTATEN FÜR 4 PERSONEN

4 Gemüsezwiebeln
1,2 kg Schweinenacken
4 EL neutrales Pflanzenöl
4 EL *Snirtjebratengewürz* (siehe Tipp)
etwas Speisestärke nach Belieben
Salzkartoffeln als Beilage

Grill auf 200 °C vorheizen.

Inzwischen die Zwiebeln schälen und vierteln, den Schweinenacken in mundgerechte Stücke schneiden. Den Dutch Oven einölen und auf den Grill stellen, das Fleisch dazugeben und rundherum scharf angrillen. Anschließend herausnehmen, die Zwiebeln in den Dutch Oven geben und glasig anschwitzen.

Das Fleisch wieder dazugeben und mit der Gewürzmischung bestreuen. 500 ml Wasser zugießen, den Deckel auflegen und das Ganze ca. 3 Stunden schmoren.

Den Dutch Oven vom Grill nehmen und das Fleisch auf tiefe Teller verteilen. Die Sauce nach Belieben mit Speisestärke andicken und mit dem Fleisch und Kartoffeln servieren.

TIPP

Snirtjebratengewürz selber machen

12 Pfefferkörner, 8 Wacholderbeeren und je 4 Pimentkörner und Nelken in einem Mörser grob zerstoßen. Mit 20 EL Paprikapulver, 2 TL Zimt, 1 Lorbeerblatt und jeweils 4 EL getrocknetem Rosmarin, getrocknetem Majoran, geräuchertem Chilipulver, Salz und Speisewürze in einer Schüssel vermengen.

Eigentlich ist fertig gegarte, eingeschweißte Schweinehaxe eines der schlimmsten Fertigprodukte der Welt – die kann man so einfach nicht essen. ABER: Wenn man das Fleisch vom Knochen löst und würzig anbrät, dann wird das eine tolle Fake-Pulled-Pork-Nummer.

Falsches Pulled Pork mit Cowboybohnen

ZEITBEDARF

25 Minuten vorbereiten
45 Minuten grillen

ZUTATEN FÜR 4 PERSONEN

6 Zwiebeln
7 Dosen verschiedene Bohnen (à 400 g, z. B. Kidneybohnen, weiße Bohnen, Baked Beans)
3 vorgegarte Schweinehaxen
4 EL neutrales Pflanzenöl
75 ml Espresso
4 EL *Klaus grillt »BBQ Sauce Sweet«*
Abrieb einer 1/2 Bio-Zitrone
2 EL *Klaus grillt »O.F.A. Rub«* (siehe Seite 138)

Den Dutch Oven auf den Grill stellen und auf 200 °C vorheizen.

Inzwischen Zwiebeln schälen und würfeln. Alle Bohnensorten (bis auf Baked Beans und Chilibohnen) in einem Sieb abbrausen und abtropfen lassen. Schmalz und Fett von der Haxe abschneiden und mit dem Pflanzenöl im Dutch Oven erhitzen.

Die Haut von der Haxe abziehen und das Fleisch vom Knochen schneiden. Anschließend in mundgerechte Stücke zerkleinern. Die Zwiebeln im Dutch Oven glasig anschwitzen, das Fleisch dazugeben und rundherum 3–4 Minuten scharf anbraten. Alle Bohnen, Espresso, Grillsauce und Zitronenabrieb einrühren und mit dem Rub würzen.

Den Deckel auflegen, den Grill auf 150 °C herunterschalten und alles ca. 45 Minuten schmoren.

Den Dutch Oven vom Grill nehmen und den Schmortopf in tiefen Tellern servieren.

TIPP

Wenn ihr das Fett von der Schweinehaxe mit dem Öl anbratet, wird natürliches Glutamat freigesetzt – das ist kein Fehler, sondern gewollt und der perfekte Geschmacksträger für das, was danach kommt.

CRAZY STUFF

Fruchtiger Glühwein

ZEITBEDARF
5 Minuten vorbereiten
20 Minuten grillen

ZUTATEN FÜR 4 PERSONEN
2 l trockener Rotwein
2 l Kirschsaft
600 ml Amaretto
4 EL Glühweingewürz

Grill auf 200 °C vorheizen.

Inzwischen Wein, Kirschsaft, Amaretto und Glühweingewürz im Dutch Oven verrühren. Den Deckel auflegen.

Den Dutch Oven auf den Grill stellen und das Ganze so lange erhitzen, bis Dampf am Deckel austritt. Anschließend vom Grill nehmen, den Glühwein durch ein Sieb auf Tassen verteilen und servieren.

So geht der italienische Klassiker ohne großen Aufriss und viel Gemüsegeschnippel im Dutch Oven. Ihr werdet diese Lasagne lieben!

Lasagne vom Grill

ZEITBEDARF
20 Minuten vorbereiten
40 Minuten grillen

EQUIPMENT
gusseiserne Pfanne
Dutch Oven in Kastenform

ZUTATEN FÜR 6 PERSONEN
2 Zwiebeln
4 EL neutrales Pflanzenöl
1½ l passierte Tomaten
1 kg Hackfleisch, gemischt
4 EL *Klaus grillt »Pizzaiola«* (siehe Seite 147)
10 Lasagneplatten
400 g Schmand
200 g geriebener Mozzarella

Grill inklusive Seiten- oder Infrarotbrenner auf höchste Stufe vorheizen.

Inzwischen für die Sauce die Zwiebeln schälen und würfeln. Die Pfanne auf den Grill stellen und 2 EL Öl darin erhitzen. Die Zwiebeln darin glasig anschwitzen. Hackfleisch und Pizzaiola-Gewürz dazugeben und rundherum scharf anbraten. Passierte Tomaten dazugeben und kurz aufkochen lassen, anschließend vom Grill nehmen.

Die Kastenform mit dem restlichen Öl leicht einfetten, den Boden mit etwas Sauce bedecken, mit einer Schicht Lasagneplatten belegen und im Wechsel weiterschichten. Zum Schluss mit Schmand und Mozzarella belegen.

Den Deckel auflegen, die Kastenform auf den Grill stellen und das Ganze 30–40 Minuten garen.

Die Kastenform vom Grill nehmen und die Lasagne nach Wunsch portionieren und servieren.

TIPP

Natürlich funktioniert dieses Rezept auch in einem runden Dutch Oven, aber in der Kastenform lässt sich die Lasagne besser (und höher!) schichten und besser portionieren.

Ost-Boys-Topf

ZEITBEDARF
15 Minuten vorbereiten
3 1/4 Stunden grillen

ZUTATEN FÜR 4 PERSONEN
2 Zwiebeln
1 Bund Suppengrün
800 g Schweinebauch
2 EL *Klaus grillt »Sauerei«* (siehe Tipp)
400 g Rinderrippe
1 EL *Klaus grillt »Grillpfeffer«* (siehe Seite 76)
4 EL neutrales Pflanzenöl
4 geräucherte Schweinefüße (ca. 600 g)
400 g Buchweizen

Den Dutch Oven auf den Grill stellen und auf höchste Stufe vorheizen.

Inzwischen die Zwiebeln schälen und würfeln. Möhren und Knollensellerie schälen und würfeln, das Lauch in Ringe schneiden, dann alles abbrausen und abtropfen lassen.

Den Schweinebauch auf der Hautseite rautenförmig einschneiden und rundherum mit dem Sauereigewürz einreiben. Die Rinderrippe mit dem Grillpfeffer würzen.

Das Öl im Dutch Oven erhitzen, Zwiebeln und Suppengrün dazugeben und scharf anbraten. Anschließend nacheinander Schweinefüße, Rinderrippchen und Schweinebauch darauf schichten. 2 l Wasser zugießen und den Deckel auflegen.

Grilltemperatur auf 200 °C heruntersetzen und das Ganze ca. 2 ½ Stunden schmoren. Zwischendurch bei Bedarf etwas Wasser nachgießen.

Den Dutch Oven vom Grill nehmen, Fleisch entnehmen und den Buchweizen einrühren. Den Deckel auflegen und den Buchweizen 30 Minuten garen. Inzwischen die Schweinefüße entbeinen. Mit einem Messer die Schwartenstücke klein hacken und wieder in die Brühe geben.

Den Dutch Oven vom Grill nehmen. Die Buchweizenmischung auf tiefe Teller verteilen und mit Schweinebauch und Rinderrippe servieren.

TIPP

Ich bekomme meine geräucherten Schweinefüße im russischen Supermarkt meines Vertrauens. Wer dieses Privileg nicht hat, kann das Fleisch durch eine Schweineschwarte und etwas Speck ersetzen.

TIPP

Sauerei-Rub selber machen

12 EL Pfefferkörner und 16 EL Koriandersamen in einem Mörser grob zerstoßen. Mit 12 EL Rohrzucker, 8 TL getrocknetem Majoran und jeweils 8 EL feinem Meersalz, Zwiebelpulver, Knoblauchpulver und scharfem Paprikapulver in einer Schüssel vermengen.

Zwiebeln nach Pulled-Pork-Art

ZEITBEDARF
15 Minuten vorbereiten
2 Stunden grillen

EQUIPMENT
Pulled-Pork-Krallen
Dutch Oven, Größe 12

ZUTATEN FÜR 12 PERSONEN
3 kg Gemüsezwiebeln
30 Scheiben Frühstücksspeck
500 ml Gemüsebrühe
6 EL *Klaus grillt* *»Smokey Honey Dust«* (siehe Seite 45)
6 EL *Klaus grillt* *»Western Sauce«*
Reis als Beilage

Grill auf mittlere Stufe vorheizen.

Inzwischen die Zwiebeln schälen. Den Dutch Oven mit der Hälfte des Frühstücksspeckes auslegen. Die Zwiebeln einmal durch die Gemüsebrühe ziehen, mit dem Smokey-Honey-Gewürz würzen und im Dutch Oven verteilen. Seitlich die Brühe zugießen und die Grillsauce darauf verteilen.

Mit dem restlichen Frühstücksspeck belegen, den Deckel auflegen und den Dutch Oven auf den Grill stellen. Die Zwiebeln ca. 2 Stunden garen.

Den Dutch Oven vom Grill nehmen und mit den Krallen die Zwiebeln auseinanderziehen. Auf Tellern verteilen und mit Reis servieren.

Diese Nummer ist leicht usbekisch inspiriert und so überzeugend im Geschmack, dass selbst diejenigen unter euch, die kein Lammfleisch mögen, ordentlich reinhauen werden.

Reisfleisch

ZEITBEDARF
30 Minuten vorbereiten
1 Stunde grillen plus frittieren

EQUIPMENT
Pulled-Pork-Krallen
Dutch Oven, Größe 12

ZUTATEN FÜR CA. 10 PERSONEN
2 kg Zwiebeln
1 Jalapeño
1 Bund Petersilie
1–2 l Frittieröl
2 ½ kg Lammkeule
150 g Speckwürfel
200 ml Metaxa oder anderer Weinbrand
4 EL *Klaus grillt »Dutch Oven Zauber«* (siehe Seite 22)
1 kg passierte Tomaten
3 l Gemüsebrühe
Saft von 2 Limetten
1 kg Reis
Brot zum Servieren

Den Dutch Oven auf den Grill stellen und auf höchste Stufe vorheizen.

Inzwischen die Zwiebeln schälen und in feine Ringe schneiden. Jalapeño abbrausen, abtrocknen, entkernen und ebenfalls in Ringe schneiden. Petersilie abbrausen, trocken schütteln, Blätter abzupfen und fein hacken.

Das Öl im Dutch Oven erhitzen. Die Lammkeule entbeinen und das Fleisch in Steaks schneiden. Die Steaks so lange im heißen Öl frittieren, bis sie eine braune Kruste gebildet haben, dann mit einem Schaumlöffel herausheben.

Das Öl abgießen und den Dutch Oven wieder auf den Grill stellen. Zwiebeln und Speckwürfel im Dutch Oven anschwitzen. Den Weinbrand zugießen und kurz flambieren. Mit Dutch-Oven-Zauber würzen, die passierten Tomaten und die Brühe einrühren.

Die Lammsteaks wieder dazugeben. Jalapeño, Limettensaft und Reis einrühren. Den Deckel auflegen und das Ganze ca. 1 Stunde garen.

Den Dutch Oven vom Grill nehmen, das Reisfleisch auf tiefe Teller verteilen und nach Belieben mit Brot servieren.

Rustikaler Herz-Dopf

ZEITBEDARF
20 Minuten vorbereiten
ca. 3 Stunden grillen

EQUIPMENT
Dutch Oven, Größe 6

ZUTATEN FÜR 4 PERSONEN
200 g Champignons
200 g Kräuterseitlinge
3 Zwiebeln
6 Schweineherzen
200 g Shiitake
4 EL *Klaus grillt »Rumpelstilzchen«* (siehe Tipp)
1,2 l Gemüsebrühe
800 g Schlagsahne

Grill auf 200–220 °C vorheizen.

Inzwischen Champignons vierteln und Kräuterseitlinge in Streifen schneiden. Die Zwiebeln schälen und vierteln. Die Herzen in mundgerechte Stücke schneiden. Alle vorbereiteten Zutaten mit den Shiitake, dem Rumpelstilzchen-Gewürz und der Brühe in den Dutch Oven geben.

Den Dutch Oven auf den Grill stellen, Deckel aufsetzen und das Ganze 2 ½ Stunden schmoren. Anschließend die Sahne einrühren und weitere 20 Minuten ohne Deckel etwas einkochen lassen.

Den Dutch Oven vom Grill nehmen, das Ragout auf tiefe Teller verteilen und servieren.

TIPP

Rumpelstilzchen-Gewürz selber machen

12 TL bunte Pfefferkörner, 2 TL Koriandersamen, 1 TL Muskatblüte und 2 TL Kümmelsamen in einem Mörser grob zerstoßen. Mit 16 EL edelsüßem Paprikapulver, jeweils 8 EL Salz und getrockneter Petersilie, 4 TL Bohnenkraut, 2 TL getrocknetem Liebstöckel, 8 TL getrocknetem Majoran und jeweils 12 TL Knoblauchpulver und Zwiebelpulver in einer Schüssel vermengen.

Schweineschwänze

ZEITBEDARF
20 Minuten vorbereiten
ca. 3 Stunden grillen

ZUTATEN FÜR 4 PERSONEN

4 Gemüsezwiebeln
2 Knoblauchzehen
800 g kleine Tomaten
1 Petersilienwurzel
1 kg Schweineschwänze
4 EL *Klaus grillt »O.F.A. Rub«* (siehe Tipp)
4 EL neutrales Pflanzenöl
4 EL *Klaus grillt »BBQ Sauce«*
Salzkartoffeln als Beilage

Grill auf 200 °C vorheizen.

Inzwischen Zwiebeln und Knoblauch schälen und in Ringe bzw. Scheiben schneiden. Die Tomaten abbrausen und bei Bedarf halbieren. Die Petersilienwurzel schälen und in Scheiben schneiden.

Die Schweineschwänze mit dem Rub würzen und in den leicht geölten Dutch Oven legen. Vorbereitetes Gemüse ebenfalls im Dutch Oven verteilen, die Grillsauce dazugeben und den Deckel auflegen.

Den Dutch Oven auf den Grill stellen und das Ganze ca. 2 ½ Stunden schmoren. Anschließend Schweineschwänze aus dem Topf heben, die Sauce mit dem Gemüse gut umrühren und zusammen mit dem Fleisch und Kartoffeln servieren.

TIPP

O.F.A.-Rub selber machen

Je 2 TL Pfefferkörner und Kreuzkümmelsamen in einem Mörser grob zerstoßen und mit 16 EL Rohrzucker, 12 EL Salz, 12 EL Paprikapulver, je 4 EL Knoblauchpulver, Zwiebelpulver und getrocknetem Oregano sowie 4 TL gemahlenem Koriander und 8 TL Chilipulver in einer Schüssel vermengen.

TIPP

Wenn an den Schweineschwänzen noch ein bisschen Haut ist, ist das super – dann wird die Sauce später noch aromatischer.

TIPP

Da wir die Speisekrebse leider lebendig ins kochende Nass schmeißen müssen, solltet ihr sie vorher schön kühl und dunkel halten. Dann werden sie schläfrig und kriegen später kaum mit, dass sie ins Jenseits befördert werden.

Carolina Crawfish Boil

ZEITBEDARF
45 Minuten vorbereiten
75 Minuten grillen

EQUIPMENT
Dutch Oven, Größe 12

ZUTATEN FÜR 8 PERSONEN
6 l Gemüsebrühe
2 Zwiebeln
2 Spitzpaprika
500 g Drillinge
2 Maiskolben
1 1/2 Bio-Zitronen
3 Bio-Orangen
1 Süßkartoffel
3 Mettwürstchen
50 g *Klaus grillt* »*Crazy Cajun*« (siehe Tipp)
2 1/2 kg Langusten

Den Dutch Oven mit der Gemüsebrühe auf den Grill stellen und auf 200 °C vorheizen.

Inzwischen die Zwiebeln schälen und vierteln. Paprika abbrausen, abtrocknen, entkernen und in Ringe oder Streifen schneiden. Kartoffeln und die Maiskolben jeweils halbieren. Die Zitronen vierteln und die Orangen halbieren. Die Süßkartoffel schälen und in dicke Scheiben schneiden. Die Mettwürstchen halbieren.

Alle vorbereiteten Zutaten in den Dutch Oven geben, Cajun-Gewürz einrühren und das Ganze 45 Minuten sprudelnd kochen.

Die Langusten zügig und einzeln in die sprudelnd kochende Brühe geben und 10 Minuten unter gelegentlichem Rühren garen.

Langusten und Gemüse mit einem Sieb oder einem Schaumlöffel aus der Brühe heben, die Langusten von ihrer Schale befreien und genießen.

TIPP

Crazy-Cajun-Gewürz selber machen

12 TL bunte Pfefferkörner in einem Mörser leicht zerstoßen. Mit 24 EL Paprikapulver, 8 TL Cayennepfeffer, jeweils 4 EL Knoblauchpulver, Zwiebelpulver und Meersalz sowie 4 TL getrocknetem Liebstöckel, 4 TL getrocknetem Thymian, 8 TL getrocknetem Oregano, 8 TL getrockneter Petersilie und einem Lorbeerblatt in einer Schüssel vermengen.

Mehr als überbackener Toast: Diese knusprigen Partyhäppchen sind mit dem Besten belegt, was Omas Zwiebelkuchen zu bieten hat.

Omas Zwiebelkuchentoast

ZEITBEDARF
10 Minuten vorbereiten
35 Minuten grillen

EQUIPMENT
Gelochte Edelstahlplatte bzw. Topper für den Grill

ZUTATEN FÜR 4 PERSONEN
2,4 kg Zwiebeln
400 g Speckwürfel
1 EL *Klaus grillt »Dutch Oven Zauber«* (siehe Seite 22)
1½ EL körnige Gemüsebrühe
6 Eier (Größe M)
1 TL gemahlener Kümmel
3 EL Zucker
800 g saure Sahne
10 Scheiben Krustenbrot
400 g geriebener Pizzakäse

Den Dutch Oven auf den Grill stellen und auf 200 °C vorheizen.

Inzwischen die Zwiebeln schälen und in Ringe schneiden. Die Speckwürfel im Dutch Oven anbraten, dann die Zwiebeln dazugeben. Dutch-Oven-Gewürz und Gemüsebrühe einrühren und alles ca. 15 Minuten garen.

Die Eier aufschlagen und in einer Schüssel mit Kümmel, Zucker und saurer Sahne in einer sehr großen Schüssel verquirlen. Den Dutch Oven vom Grill nehmen. Zwiebeln und Speck herausnehmen und in die Ei-Sahne-Mischung rühren.

Die Brotscheiben auf die Edelstahlplatte legen. Mit der Ei-Sahne-Mischung belegen. Den Pizzakäse auf den Broten verteilen, die Platte in die indirekte Hitze des Grills stellen und ca. 10 Minuten backen.

Edelstahlplatte vom Grill nehmen und die Zwiebelbrote genießen.

KLAUS
GRILLT
FINEST GRILL & BBQ

ALLES MIT WURST

Diese Sauce ist eine schnelle, einfache Nummer und passt super zu Nudeln, Kartoffeln oder gegrilltem Gemüse.

Salsiccia-Topf »Toskana«

ZEITBEDARF

10 Minuten vorbereiten
15 Minuten grillen

ZUTATEN FÜR 4 PERSONEN

5 *Klaus grillt* Salsiccia-Würste
1½ l passierte Tomaten
1 EL Zucker
60 ml Olivenöl
3 EL *Klaus grillt »Pizzaiola«* (siehe Tipp)
250 g Mini-Mozzarellakugeln
Tagliatelle als Beilage
1 Bund Basilikum

Grill auf 250 °C vorheizen.

Inzwischen die Würste der Länge nach aufschneiden und die Pelle abziehen. Das Brät zu 20 gleich großen Kugeln formen.

Passierte Tomaten in den Dutch Oven gießen. Zucker, Olivenöl und Gewürzmischung einrühren. Die Wurstbällchen und den Mozzarella darauf verteilen und den Dutch Oven ohne Deckel auf den Grill stellen.

Das Ganze ca. 15 Minuten grillen. Inzwischen das Basilikum abbrausen, trocken schütteln, die Blätter abzupfen und grob in Streifen schneiden.

Den Dutch Oven vom Grill nehmen. Die Fleischbällchensauce mit Tagliatelle servieren und nach Belieben mit Basilikum garnieren.

TIPP

Pizzaiola-Gewürz selber machen

8 TL getrockneten Oregano mit 8 TL Knoblauchpulver, 2 TL Salz, 2 TL gemahlenem Pfeffer und je 4 TL Zucker, edelsüßem Paprikapulver und getrocknetem Basilikum in einer Schüssel vermengen.

Grillwurst mit Käse-Zwiebel-Sauce

ZEITBEDARF
20 Minuten vorbereiten
30 Minuten grillen

ZUTATEN FÜR 4 PERSONEN
- 2 Gemüsezwiebeln
- 4 EL neutrales Pflanzenöl
- 1 TL Salz
- 2 EL *Klaus grillt »Dutch Oven Zauber«* (siehe Seite 22)
- 500 ml Schwarzbier, alternativ Malzbier
- 4 Grillwürste
- 200 g Schmelzkäse
- 4 Brötchen nach Belieben

Dutch Oven auf den Grill stellen und auf 200–220 °C vorheizen.

}Inzwischen die Zwiebeln schälen und in Ringe schneiden. Das Öl in den Dutch Oven gießen, Zwiebeln mit dem Salz dazugeben und bei geschlossenem Deckel ein paar Minuten schmoren lassen.

Mit dem Dutch-Oven-Gewürz bestreuen und das Bier zugießen. Die Würste mit einer Gabel einstechen und in den Topf geben. Mit Deckel ca. 30 Minuten schmoren.

Die Würste aus dem Dutch Oven nehmen und rundherum auf dem Grillrost grillen. Inzwischen den Dutch Oven vom Grill nehmen und den Schmelzkäse einrühren. Die gegrillten Würste mit der Sauce und nach Belieben mit Brötchen servieren.

TIPP

Bei diesem Rezept reicht ein kleinerer Dutch Oven völlig aus.

Sucuk-Pfanne

ZEITBEDARF
15 Minuten vorbereiten
60 Minuten grillen

ZUTATEN FÜR 4 PERSONEN
4 EL neutrales Pflanzenöl
600 g Sucuk (türkische Rohwurst)
4 Spitzpaprika
2 EL *Klaus grillt* *»Klappschaf«* (siehe Tipp)
500 ml Gemüsebrühe
250 g passierte Tomaten
250 g Kichererbsen (Dose)
250 g weiße Bohnen (Dose)
250 g Wachtelbohnen (Dose)
350 g Mais (Dose)

Infrarotbrenner oder das Seitenkochfeld vom Grill auf höchste Stufe vorheizen.

Den Grill auf 200 °C vorheizen. Inzwischen die Knoblauchwurst würfeln. Paprika abbrausen, abtrocknen, entkernen und ebenfalls würfeln.

Den Dutch Oven auf den Infrarotbrenner oder das Seitenkochfeldstellen stellen und das Öl hineingießen. Sucuk und Paprika darin scharf angrillen und mit dem Klappschaf-Gewürz bestreuen.

Den Dutch Oven auf den Grill stellen. Gemüsebrühe zugießen, passierte Tomaten, Kichererbsen, beide Bohnensorten und Mais einrühren. Anschließend den Deckel auflegen und das Ganze ca. 60 Minuten schmoren.

Den Dutch Oven vom Grill nehmen und den Eintopf in tiefen Tellern servieren.

TIPP

Klappschaf-Gewürz selber machen

8 EL Pfefferkörner in einem Mörser leicht zerstoßen und mit 20 EL edelsüßem Paprikapulver, 6 EL Salz, 2 TL gemahlener Muskatnuss, 2 TL gemahlenem Zimt, jeweils 4 TL gemahlenem Kreuzkümmel, Chilipulver (Cayennepfeffer), getrockneter Minze und jeweils 4 EL getrocknetem Thymian und getrocknetem Oregano in einer Schüssel vermengen.

Wurstgulasch

ZEITBEDARF
20 Minuten vorbereiten
35 Minuten grillen

ZUTATEN FÜR 4 PERSONEN
140 g durchwachsener Speck
1,6 kg Würste (Sorten nach Wahl)
480 g Letscho (Glas)
320 ml passierte Tomaten
80 ml *Klaus grillt »BBQ Sauce Sweet«*
½ TL Zucker
Abrieb von ½ Bio-Zitrone nach Belieben

Grill auf höchste Stufe vorheizen.

Inzwischen den Speck in Streifen schneiden. Die Würste auf einem mit Backpapier ausgelegten Backblech verteilen, den Backofen auf Grillfunktion stellen und die Würste unter gelegentlichem Wenden so lange grillen, bis sie rundherum Farbe bekommen. Die Würste etwas abkühlen lassen und in Scheiben schneiden.

Den Dutch Oven mittig auf den Grill stellen und den Speck darin anbraten. Würste, Letscho, passierte Tomaten, Grillsauce und 320 ml Wasser dazugeben und alles gut verrühren. Mit Zucker abschmecken, den Deckel auflegen und das Ganze ca. 30 Minuten schmoren.

Den Dutch Oven vom Grill nehmen, das Wurstgulasch in tiefen Tellern servieren und bei Bedarf mit etwas Zitronenabrieb garnieren.

TIPP

Letscho ist ein ungarisches Schmorgericht, das super zu Wurst passt. Ihr findet fertiges Letscho im Glas in einem gut sortierten Supermarkt.

XXL Currywurst-Dopf

ZEITBEDARF
15 Minuten vorbereiten
30 Minuten grillen

ZUTATEN FÜR 4 PERSONEN
4 EL neutrales Pflanzenöl
8 Bratwürste
1 kg passierte Tomaten
60 ml Ketchup
2 TL Currypulver
1 EL Honig
1 EL Paprikapulver, edelsüß
1 TL frisch gemahlener Pfeffer aus der Mühle
1 TL Knoblauchpulver
1 TL Zwiebelpulver
½ TL gemahlener Zimt
2 EL Worcestersauce
Abrieb von 1 Bio-Zitrone
scharfe Sauce nach Belieben
Baguette nach Belieben

Den Dutch Oven auf den Grill stellen und auf mittlere Hitze vorheizen.

Das Öl hineingießen und die Würste darin rundherum goldbraun angrillen. Anschließend herausnehmen und beiseitelegen.

Passierte Tomaten in den Dutch Oven geben, dann alle übrigen Zutaten bis inklusive Worcestersauce einrühren und kurz aufkochen lassen. Gelegentlich umrühren und zum Schluss den Zitronenabrieb und ein paar Spritzer scharfe Sauce dazugeben.

Inzwischen die Würste in Scheiben schneiden, in den Dutch Oven geben und gut umrühren. Die Sauce aufkochen lassen. Mit Baguette servieren.

TIPP

Wenn euch die Sauce zu dickflüssig ist, könnt ihr sie mit etwas Wasser verdünnen.

Sucuk-Brot-Auflauf

ZEITBEDARF

20 Minuten vorbereiten
15 Minuten grillen

ZUTATEN FÜR 4 PERSONEN

- 4 Sucuk (türkische Rohwurst)
- 150 g Cheddar
- 20 g getrocknete Tomaten
- 12 Sonntagsbrötchen (Fertigprodukt aus der Kühltheke)
- 120 g passierte Tomaten
- 4 Stängel Basilikum

Grill auf höchste Stufe vorheizen und den Dutch Oven auf den Grill stellen.

Inzwischen die Würste und den Cheddar würfeln. Getrocknete Tomaten in feine Streifen und die Brötchenrohlinge in jeweils 4–6 Stücke schneiden.

Sucuk im Dutch Oven rundherum scharf angrillen. Die passierten Tomaten dazugeben und gut umrühren. Den Grill auf 200 °C heruntersetzen. Getrocknete Tomaten einrühren und die Käsewürfel dazugeben. Mit den Brötchenstücken belegen (nicht untertauchen).

Den Deckel auflegen und 10–15 Minuten grillen, bis die Brötchen goldbraun sind. Inzwischen das Basilikum abbrausen, trocken schütteln und die Blätter fein hacken.

Den Dutch Oven vom Grill nehmen, den Auflauf mit Basilikum bestreuen und servieren.

KLAUS
GRILLT

KLAUS
GRILLT
FINEST GRILL & BBQ

Bibliografische Information der Deutschen Nationalbibliothek
Die Deutsche Nationalbibliothek verzeichnet diese Publikation in der Deutschen Nationalbibliografie. Detaillierte bibliografische Daten sind im Internet über http://dnb.d-nb.de abrufbar.

Für Fragen und Anregungen
info@rivaverlag.de

Wichtiger Hinweis
Ausschließlich zum Zweck der besseren Lesbarkeit wurde auf eine genderspezifische Schreibweise sowie eine Mehrfachbezeichnung verzichtet. Alle personenbezogenen Bezeichnungen sind somit geschlechtsneutral zu verstehen.

Originalausgabe
1. Auflage 2022

Türkenstraße 89
80799 München
Tel.: 089 651285-0
Fax: 089 652096

Unter Mitarbeit von Pauline Wunsch.

Redaktion: Anna Gülicher-Loll
Umschlaggestaltung: Manuela Amode
Umschlagabbildungen: Vorderseite: Manuel Krug; Rückseite: Michael Gerhardy
Abbildungen: S. 4, 5, 8, 10, 12, 21, 24, 25, 26, 40, 68, 92, 124, 144, 158, 159: Manuel Krug
Rezeptfotos: Michael Gerhardy
Hintergründe: schwarz: Krasovski Dmitri/Shutterstock.com; weiß: Guenter Albers/Shutterstock.com
Shutterstock.com: S. 13: wsf-s; S. 14: dmitry_islentev, sunsinger; S. 15: Jandrie Lombard, Anze Furlan; S. 17: Angela Schmidt; S. 18: Arina P Habich; S. 23: HandmadePictures
Satz: inpunkt[w]o, Haiger (www.inpunktwo.de)
Druck: Firmengruppe APPL, aprinta Druck, Wemding
Printed in Germany

ISBN Print 978-3-7423-2039-1
ISBN E-Book (PDF) 978-3-7453-1795-4
ISBN E-Book (EPUB, Mobi) 978-3-7453-1796-1